中华优秀传统国学阅读经典

大　学

【春秋】曾子　　王俊 编校

中国商业出版社

图书在版编目（CIP）数据

大学 / 王俊编校 . -- 北京：中国商业出版社，2019.10

ISBN 978-7-5208-0854-5

Ⅰ . ①大… Ⅱ . ①王… Ⅲ . ①儒家②《大学》—注释③《大学》—译文 Ⅳ . ① B222.1

中国版本图书馆 CIP 数据核字 (2019) 第 157063 号

责任编辑：杜 辉

中国商业出版社出版发行
010-63180647　www.c-cbook.com
（100053　北京广安门内报国寺 1 号）
新华书店经销
三河市同力彩印有限公司印刷
*
710 毫米 ×1000 毫米　16 开　15 印张　180 千字
2020 年 1 月第 1 版　2020 年 1 月第 1 次印刷
定价：45.00 元
* * * *
（如有印装质量问题可更换）

前　言

　　泱泱中华五千载，悠悠国学民族魂。中华国学"为天地立心，为生民立命，为往圣继绝学，为万世开太平"，是中华民族几千年来生生不息的根本，是华夏儿女的文化基因和精神支柱。

　　中华传统文化经过千百年历史的冲刷洗礼和不断交流、融合以及沉淀，最终形成了求同存异、兼收并蓄、辉煌灿烂的特点，它也是世界上唯一绵延不绝而从没中断的古老文化，并始终充满了生机与活力。

　　国学就是中国之学、中华之学，是以母语汉语为基础，表达了中华民族的精神价值和处世态度，有利于凝聚中华民族的文化向心力，有利于中华民族大团结，是华夏儿女的生命火炬，我们要世代相传和不断发扬光大。

　　中华优秀传统文化在思想上有大智，在科学上有大真，在伦理上有大善，在艺术上有大美。在中华民族艰难而辉煌的发展历程中，优秀传统文化薪火相传、历久弥新，始终为国人提供精神支撑和心灵慰藉。所以，更多地从传统优秀国学经典中汲取丰富营养，不仅能充实灵魂，而且能够拥有一种神圣而崇高的家国情怀。

　　中华传统国学是指以儒学为主体的中华传统文化与学术，内容非常广泛，内涵十分丰富，如蒙学十三经、四书五经等，作为国学中经典之经典，铸就了"国学蒙学之最、中华不可或缺之魂"，凝聚了我国五千年的文明史和传统文化，体现了中华民族博大精深的文化精髓，是经过多少代人实践检验过的文化瑰宝，承载着中华民族伟大复兴的梦想。

　　中华传统国学中具有极高价值的经典与文章不胜枚举，且不说春秋战国时期的经传宝典，也不说《史记》《资治通鉴》，仅唐诗、宋词、

元曲就有许多脍炙人口的佳作,今天我们作为中华儿女对这些精品岂可淡化或视而不见?

中华传统国学经典,蕴含了中华儿女内圣外王的个体修养和自强不息的群体精神,形成了重义轻利的处世态度以及孝亲敬长的人伦约定,包含着辩证理智的心智思维和天人合一的整体观念。

这些国学经典千百年来作为我国传统文化与教育经典,在内容方面包含治国、修身、道德、伦理、哲学、艺术、智慧、天文、地理、历史等丰富的知识;在艺术方面丰富多彩,各有特色,行文流畅,气势磅礴,辞藻华丽,前后连贯。古往今来,无数有识之士从中汲取知识,不仅培养了良好的道德品质,还提升了儒雅、纯美、睿智的气质。

国学经典是广大读者必备的精神食粮。读者阅读国学经典,能够秉承国学仁义精神,养成谦和待人、谨慎待己、勤学好问等优良品行,达到内外兼修与培养刚健人格的学习目的。读者阅读国学经典,就如同师从贤哲,使自己能够站在先辈们的肩膀之上,在高起点上开始人生道路。阅读圣贤之书,与圣贤为伍,是精神获得高尚和超越的最高境界。

如今社会处于转型时期,充斥着各种各样所谓的现代文化,良莠不齐、纷繁杂芜。作为读者,应该慎重地从文化杂烩中精挑细选最好的、最纯的、最精的文化知识进行学习,以便促进身心的健康,那么国学经典就是最佳的选择。

当然,我们必须注意:传承古代经典,不是单纯背诵一些诗词,而是传承古老中华文明;不是只知其文不解其意,而是传承经典文化中的精神;不是对所有传统的东西都加以吸收,而是采取"扬弃"态度,取其精华去其糟粕;也不是排斥其他国家和民族的先进文化,要互相理解和尊重,要有兼容并包的情怀和清醒的头脑,做到互相学习和互相促进;更不是躺在灿烂传统文化的光环下故步自封,要积极开创未来的、先进的和科学的民族文化,要创造新的文化辉煌。

国学经典并非陈旧过时的东西,它能够适应任何时代的需要,且不同的时代都可以进行新的解读,都有时代的新意。广大读者要古为今用,活学活用,在新的时代推陈出新,进行新的解读,赋予新的内涵,不断发扬新的精神。

我们欣喜地看到,在党和政府的积极号召下,教育部印发了《完善中华优秀传统文化教育指导纲要》,各级教育机构启用了《中华优秀传统文化》教材,中小学语文新课标中也增加了青少年学生阅读和学习国学的分量,许多中小学开设了专门的国学课程,全国各族人民掀起了学习和传承中国传统文化的热潮。

为此,在有关专家的指导下,我们特别精选编辑了这套"中华传统国学阅读经典"作品,根据广大读者特别是青少年读者学习吸收的特点,采取了板块化的篇章结构。文前部分主要包括作者简介、题解+背景、作品概况、思想内容和艺术特点等内容,正文部分主要包括原文、注释、解读、感悟、赏析、故事等内容,文后部分主要包括名言妙语、读后感、知识互动大会等内容。同时还配有精美的插图,图文并茂,生动形象,非常易于阅读、理解和欣赏,能够培养广大读者的国学阅读兴趣,从而增强大家对中华优秀传统文化的热爱、传承和发展,最终积极投身到中华民族伟大复兴的中国梦之中。

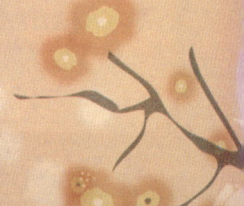

根据"部编教材"和广大读者特别是青少年读者学习吸收的特点，采取版块化篇章结构，设置丰富的专题栏目，解构阅读知识要点，无障碍直通阅读核心，重点感受丰富的知识和独特的艺术，领会和发扬深刻的国学精神！

导读

作者简介
简单介绍作者生卒、生平事迹、代表作品和历史影响等。

题解+背景
简单阐述书名来历、作者社会背景、创作动机、创作过程等。

作品概况
简单介绍作品结构形态、流传过程和历史价值等。

思想内容
简单分析作品思想内涵、社会价值和启迪作用等。

艺术特点
简单解析语言表达、篇章结构、人物形象等丰富的艺术特色。

原文
参考众多权威版本，忠实于原著原文呈现。

注释
介绍和评议生僻难懂语汇、内容、背景、引文等。

注音
对多音字以及破音、通假、古音、外族语言等异读字词进行注音。

精美配图
根据内容配图，图文并茂，让知识变得生动形象，让阅读变得丰富有趣。

所谓平天下

所谓平天下，在治其国者：上老老❶，而民兴孝；上长长❷，而民兴弟；上恤孤，而民不倍❸。是以君子有絜矩之道❹也。

注释

❶ 老老：尊敬老人。前一个"老"字作动词，意思是尊敬、尊重。

❷ 长长：尊重长辈。前一个"长"字作动词，意思是尊敬、尊重。

❸ 倍：通"背"，背弃。

❹ 絜（jié）矩之道：是以推己度人为标尺的人际关系处理法则，指问心公平中正，做事中庸合德。絜，度、衡量。矩，尺子。引申为法度、规则。儒家以"絜矩"来象征道德上的规范。

4

解读

　　大学的宗旨在于弘扬光明正大的品德，在于使人弃旧图新，在于使人达到最完善的境界。

感悟

　　本章论述如何修身、治国、平天下的三条纲领，简称"三纲领"。

　　"明德"是大学之道的根本原则，也就是说人要崇尚善性与良好的德行，如忠、孝、仁、义等品质，所以要做到这些就不得不注重个人的修养。只有先打理好自己的人生，才有资格把别人甚至集体和国家治理得有条不紊。

　　"亲民"则是大学之道的核心任务，是说要努力做个新人，创造新人，把人落后的一面彻底改变。大学的最终目的就是最后一句"止于至善"，做到前面两句，就能够明辨是非、善恶分明。

　　人类是推动社会历史不断发展的主体因素，而个人在历史长河中又是微乎其微的。但无论如何，从自己做起，淡泊明志，洁身自好，静心修身，提高素养，做一个有益于社会的人，这是历史前进所呼唤的，更是人类文明所要求的。

故事链接

许衡守善，坚定不移

　　许衡，字仲平，号鲁斋，世称"鲁斋先生"，祖籍怀庆路河内县人，金末元初著名理学家、教育家。

……

> **解　读**
> 对原文进行译解，使之通俗易读，浅显易懂。

> **感　悟**
> 深刻领会段落或篇章内涵，结合感受进行明白晓畅的阐释。

> **故事链接**
> 对篇章或段落进行故事配套链接，更益于理解原文。

完美大结局

> **名言妙语**
> 推介作者、作品的名言格言和妙言妙语，让读者加深印象、获得美感或启迪等。

> **读 后 感**
> 从中、小学生认识角度，剖析阅读作品后的所思所感、所作所为等，达到有所收获和感悟等。

作者简介

曾子（公元前505年—公元前435年），名参，字子舆，春秋末年鲁国南武城人。中国古代著名思想家，孔子的重要弟子之一，与其父曾点同师孔子，是儒家学派的重要代表人物。曾子编著有《大学》《曾子》等书，被后世尊奉为"宗圣"，是配享孔庙的四圣之一。

曾参16岁师从孔子，积极推行儒家主张，传播儒家思想。孔子的孙子孔伋师从于他，孔伋字子思，子思又传授给孟子。因此，曾参上承孔子之道，下启思孟学派，对孔子的思想既有继承，又有发展和建树。曾参是孔子学说的主要继承人和传播者，在儒家文化中具有承上启下的重要地位，与孔子、颜回、子思、孟子共称为"五大圣人"。

孔子去世后，曾参聚徒讲学，相传他就是儒家子思、孟子一派的创始人。曾参在孔门弟子中的地位原本不太高，不入"孔门十哲"之列，直到颜渊配享孔子后才升为"十哲"之一。后唐玄宗时追封曾参为"伯"。中唐以后，随着孟子地位的上升，曾参的地位也随之步步高升。北宋徽宗时加封为"武城侯"，南宋度宗时加封为"国公"，元至顺元年加封为"宗圣公"，到明世宗时改称为"宗圣"，地位仅次于"复圣"颜渊。

曾子性情沉静，举止稳重，为人谨慎，待人谦恭，以孝著称。其修齐治平的政治观、省身慎独的修养观、以孝为本的孝道观影响了中国两千多年，具有极其宝贵的社会意义和实用价值，是建设和谐社会的思想道德源泉。公元前435年，曾子辞世，终年70岁。曾子以孝悌传家，所以子孙绵延，山东和湖南等地的曾姓后裔把曾子作为自己的鼻祖，保存着历代官修族谱和族修族谱，并努力弘扬曾子文化。

题解+背景

"大学"是对"小学"而言,是说它不是讲"详训诂,明句读"的"小学",而是讲治国安邦的"大学"。正如宋代儒学集大成者、理学家朱熹所说,"大学者,大人之学也",这里的"大人",是相对孩童而言的。这就是《大学》命名的由来。

曾参生活和求学的经历比较丰富,为他以后的著述奠定了坚实基础。他经常随父学诗书,有"伏案苦读"的美谈。鲁哀公五年,16岁的曾子拜孔子为师,他勤奋好学,颇得孔子真传。

鲁哀公十三年,孔子的高才弟子颜回病故,曾参就成了孔子学说的主要继承人。鲁哀公十六年,孔子去世,曾子有父丧而未服,专守孔子墓。孔子临终将其孙托付于曾子,为了不辜负孔子的重托,曾子更加坚定了弘扬孔子思想的决心。

曾参为孔子的后进弟子,虽然入学较晚,天资鲁钝,但他却极具耐性。特别是孔子去世后,他在独立生活实践的几十年间慢慢消化孔子的教诲,结合自己的经验所得,从而对孔子学说的某些方面予以推进,积累了编著《大学》的学识和宝贵资料。

《大学》的成书时代大体在孔子、曾子之后,孟子、荀子之前的战国前期,即公元前5世纪左右,系出于曾氏之儒一派的纯儒家作品,对国家政治、社会治理乃至个人修为具有重大的影响。

《大学》是儒家经典之一,原本是《礼记》中的一篇。北宋时,程颐将其从《礼记》中抽出单独成篇。到了南宋,朱熹把它与《论语》《孟子》《中庸》合编为"四书",并写成《四书章句集注》,由此成为儒家必读的经典之一。自宋以后,《大学》成为科举考试的钦定科目。

作品概况

《大学》在中国历史上各个时期都有其独特的学术特点、学术成就和社会地位。《大学》出自《礼记》,原本是《礼记》四十九篇中的第四十二篇。

《礼记》是由汉宣帝时人戴圣根据历史上遗留下来的一批佚名儒家的著作合编而成。据西汉断代史学家班固记载,《礼记》中的《大学》等各篇的成书年代主要分布在战国初期至西汉初期这段时间。

到了汉唐时期,董仲舒、郑玄、孔颖达和韩愈等学者开始重视《大学》内容,并进行了大量挖掘、梳理工作,并认为《大学》是反映儒家思想的重要著作,《大学》开始受到大家的重视。

到了宋代,儒家学者程颢、程颐将《诗》《书》《礼》《易》《春秋》称作"大经",将《大学》《中庸》《论语》《孟子》称作"小经",并继续尊崇儒家经学的正统地位,认为《大学》是孔氏之遗书,是初学儒家经典的入门书。

宋代朱熹将"大学"从《礼记》中抽取出来,同《中庸》《论语》《孟子》编在一起,亲自做注,称为《四书章句集注》。经过此番调整、梳理,后世正式将《大学》与《中庸》《论语》《孟子》合称为"四书",《大学》则确立了"四书之首"的地位。

《大学》原本没有分章节,朱熹将其进行整理和修订,分为经一章和传十章,经一章是曾子根据孔子的言论而述说,而传十章是曾子门人根据曾子之意而写。经文是全书的提纲,而传文则是对经文的解释。

思想内容

《大学》是一篇论述儒家修身、齐家、治国、平天下思想的散文。中心思想可以概括为"修己以安百姓",并以三纲领"明明德、亲民、止于至善"和八条目"格物、致知、诚意、正心、修身、齐家、治国、平天下"为主题。强调修己是治人的前提,修己的目的是为了治国平天下,说明治国平天下和个人道德修养的一致性。

儒家将"修身"放在重要位置,作为一切"果"的"因"来看待,因为一个人只有先学会了做人,然后才能管理好自己的家庭,进而才有能力去治理一个国家,使得天下太平,百姓安居乐业。如果一个人没有学会做人,连自己的事、家庭的事都管不好,那么,他就没有资格去做官并治理国家,否则,将会给他人和社会造成损害。

《大学》提出的人生观与儒家思想有着千丝万缕的联系,基本上是儒家人生观的进一步扩展。这种人生观要求注重个人修养,怀抱积极的奋斗目标,这一修养和要求是以儒家的道德观为主要内涵的。三纲八目又有阶级性,"明德""至善"都是封建主义对君主的政治要求和伦理标准;"格物""致知"等八条目则要求在修养问题上与三纲领中的政治理念和伦理思想相结合。

《大学》是中国古代所说的由小及大、循序渐进、环环相扣的思想方式和行为方式的体现,具有积极的实践价值,对做人、处事、治国等具有深刻的启迪性。

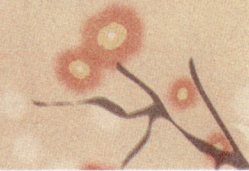

艺术特点

《大学》用浅显的道理、清晰的逻辑思维帮助人们建立好恶观。事实上,好恶观就是一个人的价值观,怎样引导人们建立正确的价值观,关系到国家培养人才、使用人才,实现富国强民的大计。

在如何选取人才的问题上,《大学》首先提出包容的人才观和用人观,即首先要承认人才的优点,视其长处如同"我"自己一样,对他人的高贵品德,"其心好之",要从心里赞美,不只是口头说说,而是行动上积极地包容他,畅通用贤之路,应该使他发挥应有作用。

《大学》第一次提出"格物"的概念,把格物致知列为儒家伦理学、政治学和哲学的基本范畴,从而赋予认知活动对于修身养性的精神、心理过程和治理社会与国家的实践活动极其重要的意义。

《大学》可以称作是我国科学启蒙第一书,曾子引用商汤刻在浴盆之上用以自警的铭文"苟日新,日日新,又日新"来阐明《大学》"新民"的概念,就把这个概念规定为自我的更新和自我的发展。其中四个"日"字的连用,以鲜明的语言表达艺术以及十分有力的语气强调:必须经常不断地进行自我创新和发展,任何时候都不能安于现状。

《大学》的艺术特点还在于,不是把事物归纳为好与坏的二分,而是看到你中有我、我中有你的融合状态。人和事物都不是绝对的和十全十美的,所以观察事物或对待人,应该讲究方法,做到全面、深入和细致地调查研究,好中要看到不好,坏中也可能有好的一面,所以要具体问题具体分析。

全书的最后,"国不以利为利,以义为利也",体现了以仁爱为基础的淳朴儒学的鲜明特色,其语言风格朴素、典雅,并使用了当时很少使用的对仗、排比等修辞手法,凸显了文章的艺术特色。

目 录

一、大学之道
大学之道，在明明德……… 1
知止而后有定…………… 5
物有本末，事有终始……… 9
致知在格物………………… 11
国治而天下平……………… 16
自天子以至于庶人………… 19
其本乱而末治者…………… 23

二、康诰
克明峻德…………………… 27

三、盘铭
苟日新，日日新…………… 31
君子无所不用其极………… 35

四、邦畿
邦畿千里，维民所止……… 39
于止，知其所止…………… 44
穆穆文王，于缉熙敬止…… 48

为人君，止于仁…………… 52
瞻彼淇澳，绿竹猗猗……… 55
如切如磋者………………… 60
君子贤其贤而亲其亲……… 62

五、听讼
听讼，吾犹人也…………… 65
无情者不得尽其辞………… 67

六、知本
此谓知本…………………… 71

七、诚意
所谓诚其意者……………… 77
小人闲居为不善…………… 80
人之视己…………………… 84
十目所视，十手所指……… 87
富润屋……………………… 90

八、修身
所谓修身在正其心者……… 93

心不在焉…………………… 96

九、齐家
所谓齐其家…………………… 99

故好而知其恶………………… 103

十、治国
治国必先齐其家……………… 107

孝者，所以事君也…………… 109

《康诰》曰如保赤子………… 113

一家仁………………………… 116

尧舜帅天下以仁……………… 119

其所令，反其所好…………… 122

所藏乎身不恕………………… 125

桃之夭夭，其叶蓁蓁………… 128

宜兄宜弟……………………… 130

其仪不忒，正是四国………… 134

其为父子兄弟足法…………… 136

十一、平天下
所谓平天下…………………… 145

所恶于上……………………… 148

乐只君子，民之父母………… 151

节彼南山，维石岩岩………… 155

有国者不可以慎……………… 158

殷之未丧师…………………… 162

是故君子先慎乎德…………… 167

德者本也……………………… 170

是故言悖而出者……………… 173

道善则得之…………………… 177

惟善以为宝…………………… 180

若有一个臣…………………… 182

唯仁人放流之………………… 186

见贤而不能举………………… 190

见不善而不能退……………… 193

好人之所恶…………………… 196

是故君子有大道……………… 199

生财有大道…………………… 202

仁者以财发身………………… 204

国不以利为利………………… 208

长国家而务财用者…………… 213

一、大学之道

大学之道，在明明德

大学之道❶，在明明德❷，在亲民❸，在止于至善。

注释

❶ 道（dào）：本义是道路，引申为规律、原则等。
❷ 明明德：前一个"明"作动词，有使动的意味，即"使彰明"，也就是发扬、弘扬的意思。后一个"明"作形容词，明德也就是光明正大的品德。
❸ 亲民：根据后面的"传"文，"亲"应为"新"，即革新、弃旧图新。亲民就是新民，使人弃旧图新、去恶从善。

解读

大学的宗旨在于弘扬光明正大的品德，在于使人弃旧图新，在于使人达到最完善的境界。

感悟

本章论述如何修身、治国、平天下的三条纲领，简称"三纲领"。"明德"是大学之道的根本原则，也就是说人要崇尚善性与良好的德行，如忠、孝、仁、义等品质，所以要做到这些就不得不注重个人的修养。只有先打理好自己的人生，才有资格把别人甚至集体和国家治理得有条不紊。

"亲民"则是大学之道的核心任务，是说要努力做个新人，创造新人，把人落后的一面彻底改变。大学的最终目的就是最后一句"止于至善"，做到前面两句，就能够明辨是非、善恶分明。

人类是推动社会历史不断发展的主体因素，而个人在历史长河中又是微乎其微的。但无论如何，从自己做起，淡泊明志，洁身自好，静心修身，提高素养，做一个有益于社会的人，这是历史前进所呼唤的，更是人类文明所要求的。

故事链接

许衡守善，坚定不移

许衡，字仲平，号鲁斋，世称"鲁斋先生"，祖籍怀庆路河内县人，金末元初著名理学家、教育家。

许衡年少时即聪敏勤学，立志学以致用。其一生博览群书，有高尚的道德情操，留下了"梨无主，吾心独无主乎"的千古佳话，成为人们效仿的楷模。

金朝末年，天下大乱，百姓背井离乡，四处逃难。金天兴二年，蒙古兵逼临许衡的家乡新郑。许衡从河阳经过，正值酷暑季节，由于长途奔波，天气又热，喉干口渴。同行的人发现道路附近有一棵梨树，树上结满了鲜嫩的梨子，众人争相摘梨解渴。

人们吃着摘来的梨子，坐在树下乘着阴凉，感到一阵惬意，回头却看到许衡独自忍受着干渴,端坐着不为所动。大家觉得很不理解,难道他不渴吗?

于是便有人对许衡说:"路途遥远,你也摘个梨吃吧,解解渴。"

许衡回答说:"那梨树不是我的,怎么能随便去摘取别人的果实呢?"

那人说:"社会动荡,兵荒马乱的,大家都各自逃难,这棵梨树的主人恐怕早已逃走了,何必固执迁见呢?"

许衡说:"虽然梨树没有主人,难道我的心也没有主人吗?"

"我心有主",这是一句挺直脊梁的铮铮名言,是一条不可逾越的做人底线。"君子乐得其道,小人乐得其欲。"能够坚守道德的底线,恪守

着做人的准则，固守着廉耻与尊严，守护着自己心灵的洁净，不为利诱，不被色动，这是人格的最高境界，也是道德的完美体现。

季子守约，墓前挂剑

季子，春秋时吴王寿梦的第四子，因封地在延陵，所以世人称他为延陵季子。季子不仅品德高尚，而且是具有远见卓识的政治家和外交家。他广交当世贤士，对推广华夏文化做出了贡献。一年，季子出使晋国，途经徐国，便去拜访徐君。席间，徐君看见季子身佩的宝剑，十分喜爱，又不好意思开口向季子索要。季子看明白了徐君的心事，但国事在身，不能当场把宝剑赠送给徐君。他心中暗暗打算，事后一定让徐君如愿以偿，把宝剑赠送给他。

季子出使晋国返回吴国途中，特意来到徐国，去实现心中的承诺，将宝剑赠给徐君。可是，徐君这时已经死了。季子得知消息后，心里万分悲痛，便决定将宝剑送给当时继任的徐君的儿子，以了却徐君生前夙愿。随从人员得知此事，便在一旁说："这宝剑是吴国的国宝，是不能送给别人的。况且人已死去，就算了吧。"

季子却说："这宝剑并不是我现在才答应赠给徐君的，而是以前我来这里时，徐君曾对这把宝剑羡慕不已，我因重任在身，不能当场赠给他，但我心里已经答应送给他了。现在徐君死了就不赠宝剑，答应人家的事不做，这是欺心啊。爱剑违心，正直的人是不该这样做的。"于是，取出宝剑赠给徐君的儿子。

徐君的儿子连忙谢绝："父亲在世时并没有叫我接受您的礼物，我是不敢违背的。"季子见徐君的儿子不肯接受宝剑，便来到徐君墓前，亲手将宝剑挂在墓前的树上，实现了自己心中的诺言。

一、大学之道

知止而后有定

知止①而后有定，定②而后能静，静而后能安，安而后能虑，虑而后能得③。

注释

① 知止：知道目标所在。
② 定：确定的志向。
③ 得：收获、得到。指得其所止。

解读

知道所应达到的理想境界是"至善"，而后才能有确定的志向，有了确定的志向，而后才能内心宁静，内心宁静而后才能泰然安稳，泰然安稳而后才能行事思虑周详，行事思虑周详而后才能够有所收获。

感悟

本节既分析了如何达到至善的步骤，即知、定、静、安、虑、得，它们环环相扣，逐层递进；也分析了理论与实践相结合，主观与客观相适应的过程。

动与静是生命的基调。动是进取的姿势，是积极奔赴的承担；静是心灵的常态，是回归心灵的栖居。动是行为的实践与择取，使我们求证、拥有；静给我们以休憩与颖悟，让我们思考、品味。动是不甘固守而打破庸常的奋然前行，静是休养德行的必由之路。

真正的静，其实是一种境界。诸葛亮有"宁静致远，淡泊明志"的睿智哲言。意思是保持心灵的宁静，不事张扬，向着心中那个目标做出实实在在的努力，从而实现自己远大的理想。

本节内容告诉人们在树立了自己所要达到善的最高境界的志向时，应当心怀宁静，使浮躁的心绪回归透明纯净，不要让过多的杂念干扰我们的思考。

这种静的境界，应该是贯穿人生始终的修行，让我们不断反观自己的内心，在纷纷攘攘的尘世中，不断认识并超越自己，塑造自己的人格魅力，创造人生道德的至高境界。

故事链接

徐彦伯少言慎行

徐彦伯，名洪，兖州瑕丘人。七岁能为文，曾结庐太行山下。薛元超安抚河北，表彰其贤德。后以对策高第，授蒲州司兵参军。当时司户韦暠长于"判"（即审订文字），司士李亘长于书法，而彦伯长于辞章，人称"河东三绝"。

武则天诏考天下文士，彦伯试居首位，授予"宗正卿"的职衔。彦伯文章典缛，语言清丽沉凝，功力深厚。参与撰修《武后实录》。两次出任州刺史，都很有政绩。后官至太子宾客。年老辞归，对待他的寡嫂和孤侄很好，受到乡邻的赞誉。

徐彦伯任太子宾客时，正值则天皇帝清除异己，冤狱大兴。朝野上下的读书人和不少王公大臣、达官显贵都因为言语不慎而遭到迫害。由于被残酷的官吏逮捕、治罪、充军的人很多，导致整个朝廷人心惶惶。鉴于此，徐彦伯撰写了《枢机论》，反复阐述"多言"的危害，告诫世人"慎言"谨行。

徐彦伯认为言论是道德的手柄、行为的主宰、志向的端绪、立身的表现。它像是一个人的枢机，只要发动，外物就会随之有所感应，得失就会立即表现出来。

言语可以帮助自己成功，也可以毁灭自己、败坏事业，它同人们的灾祸、幸福、光荣、耻辱密切相关。

如果能经过认真思考、反复推敲之后再做表达，看准对象以后再加谈论，深思熟虑之后再去行动，那么后悔的事情就不会发生，怨恨仇隙也不会到来。只有做到"慎思"，而后才可能"谨言"。

列御寇射箭

列御寇，是战国时期的郑国人，人们都尊称他为列子。列子很喜欢射箭，自己练习了好长时间，对射箭的方法、要领掌握得很纯熟，也想让别人观赏一下自己的射箭技术。

有一天，一个名叫伯昏夫人的人来拜访列子。列子知道她也会射箭，就把她引为同行知己，要表演一下射箭技术。

列子射箭的时候，志满意得，满是骄矜之色，拉满了弓弦，然后在自己的胳膊肘上放了满满一杯水，这才射箭。第一支箭刚射出去，第二支箭就紧跟着射了出去，而第三支箭已经在弦上等着了，手臂上那杯水纹丝不动，而列子这个人正像个木头人一样站在那里，岿然不动。

大 学

像列子这样的射箭技巧，不可谓不高，但这样的人真正达到大境界了吗？伯昏夫人不以为然，说："是射之射，非不射之射也。"意思是说，你这种箭术，只能算是有心射箭的射术，而不是无心射箭的射术。伯昏夫人说："我现在要邀请你，我们一同去'登高山、履危石、临百仞之渊'，我看看你射得如何。"

伯昏夫人就当先走上高高的山岗，脚下踏着风化的危石，身临百丈深渊，然后转过身来，倒退着向深渊退步，一直走到自己的脚掌有一部分已经悬在悬崖之外。

站在这个地方，伯昏夫人请列子上来射箭。而此时此刻，列子只能趴在地上，"汗流至踵"，汗都流到脚后跟了。

这时，伯昏夫人说："夫至人者，上窥青天，下潜黄泉，挥斥八极，神气不变。"意思是，人世间真正高明的人，向上可以看透苍天，

向下可以看清黄泉,世界万象了然于心,在任何时刻都可以神色不变,气定神闲。她对列子说:"你现在心惊目眩,再让你射箭,你能射中的可能性就太小太小了。"

这个故事说明,没有人可以摆脱环境而生存,当我们面对恶劣环境的时候,要看我们内心所酝酿的心境如何。当一个人的心境可以抵消外在影响的时候,这个人才成为真正的勇者,这个人的技巧才有发挥的最大空间。如果你的心境被环境挫败,你做事情将很难成功。

物有本末,事有终始

物有本末[1],事有终始,知[2]所先后,则近道[3]矣。

注释

[1] 本末:树木的根和梢。比喻事物的根源和结局。本,指木之根;末,指木之梢。
[2] 知:知道,明白。
[3] 道:大学的道理,即至善之道。

解读

其实,每样东西都是有根本有枝末的,同时,每件事情也都是有开始有终结的。因此,我们能够明白了这本末始终的道理后,也就接近事物发展的规律了。

大学

感悟

常言道："万物有理,四时有序。"这里的"序",乃顺序、次序、程序之意,也指事物运动变化的过程和步骤。

事物存在的基本形式是时间和空间,事物的发展变化都是在一定的时间和空间上展开的,如农业中的粮食种植活动,就可以分解为松土、播种、施肥、灌溉、收割、打碾等多个环节。如果不在一定的时间播种,或者把松土和施肥的次序颠倒,那么粮食种植就无法达到预期的目的。

从社会角度看,科学、严谨、规范的程序有利于实现和维护国家、集体和个人的利益,反之则会带来损害。为政者,如果能时时处处记得"物有本末,事有终始"的道理,凡事遵循自然规律,严格按照程序办事,那么,加快发展、为民造福"则近道矣"。

故事链接

华歆救人救到底

华歆、王朗同是三国时代的人。在一次战乱中,他们两人被追兵撵到了长江边。慌乱中,他们找到了一条船。

正要开船时,岸上又跑来了一个人呼喊求救,也要搭乘这条船逃往对岸。华歆看到这个情景,为难起来,在一边沉默不语。旁人见他犹豫不决,也不好开口。

这时追兵越来越近,王朗着急了,忙对华歆说:"就让他搭船吧,正好船上还有地方,为啥不帮他一把呢?"就这样,那人也与华歆、王朗同乘一条船逃往对岸。

船行到江中心,追兵已经赶到岸边。他们看见华歆、王朗的船,便纷纷下水泅渡追赶。泅水的士兵离行船越来越近。划船的艄公累得筋疲力尽,船的速度越来越慢了。

王朗见此情景,开始着慌了,便打算赶一同逃难的那人下船。华歆连忙阻止王朗说:"我当初之所以迟疑,不答应,正是怕出现这样的情况。我们既然已经答应人家同船逃难,怎么能中途丢弃人家呢?"王朗被说得无言以对,只好照华歆的话做。

追兵泅到江心渐渐累了,泅水速度便慢了下来,与华歆他们的船距离又逐渐拉大了。就这样,船划到对岸,华歆、王朗及那人摆脱了追兵,那个人也顺利地逃出了虎口。

王朗开始虽乐于助人,但在危难时却言而无信,背信弃义;而华歆当初就审慎地抉择是否帮助别人,一旦决定帮助,就坚守诺言、不离不弃,其人品高下,不言而喻。这个故事告诉我们一个人要对自己说的话负责任,答应别人的请求就要负责到底,不能失信于人,言必信,行必果。

致知在格物

古之欲明明德于天下者,先治其国。欲治其国者,先齐其家❶。欲齐其家者,先修其身❷。欲修其身者,先正其心。欲正其心者,先诚其意。欲诚其意者,先致其知❸。致知在格物❹。

大学

注释

❶ 齐其家：管理好自己的家庭或家族，使家庭或家族和和美美，蒸蒸日上，兴旺发达。
❷ 修其身：修养自身的品性。
❸ 致其知：使自己获得知识。
❹ 格物：认识、研究万事万物。

解读

古时候想要把内心善良光明的德行推广到天下的人，先要治理好自己的国家；要治理好自己的国家，先要整治好自己的家族；要整治好自己的家族，先要提高自身的道德修养；要提高自身的道德修养，先要端正自己的内心；要端正自己的内心，先要使自己意念真诚；要使自己意念真诚，先要获得丰富的知识；要获得丰富的知识，先要穷究事物的原理。

感悟

"格物""致知""诚意""正心""修身""齐家""治国""平天下"是《大学》中的"八目"，这"八目"是《大学》的核心思想，《大学》后面的章节都是在阐释这"八目"，阐释如何通过"八目"的修行而达到"三纲"的最高境界。

家是国家的最小细胞，家是个体安顿自身的一个基本单元。没有家，人将漂泊无依；没有家，国将变得不稳定。所以人们总是期望"家和万事兴"。因此，儒家把进退有序、长幼有序的"齐家"看成是一个人成年所必须经历的过程。走向社会的第一步就是在家族里边要言行规范，要能够

一、大学之道

齐家。人是个体的人,也是社会的人,人要参与一个群体,这个群体首先就是家,然后是国,而修养或责任的实施也是由"齐家"到"治国"。"天下兴亡,匹夫有责"正说明天下的事、国家的事不是和个人没有关系的。

故事链接

程颐潜心儒学

程颐,字正叔,宋代河南府人,出生于仕宦世家,与兄程颢世称"二程",为理学奠基人,著作有《二程全书》。其学说后来由南宋朱熹等理学家继承发展成为"程朱"学派。

皇祐二年,十八岁的程颐上书宋仁宗,提出了"勿徇众言,以王道为心,以生民为念,黜世俗之论,期非常之功"的"应时而作"的变革主张。当时著名学者胡瑗主持太学,程颐所作《颜子所好何学论》为胡瑗赏识,委以学职。

仁宗嘉祐四年,程颐二十七岁,科举廷试落第,此后未再参加过科举考试。青年时期的程颐即以学识品行蜚声海内,不少朝廷大臣多次举荐,他都以"学之不足"为由而"不愿仕"。四方之士慕名求教,于是在洛阳收徒讲学。

元丰八年,王安石集团失势,五十三岁的程颐在司马光、吕公著的力荐之下,出任汝州团练推官,并任国子监教授。元祐元年,任崇政殿说书。

程颐主张"涵养须用敬,进学在致知"的修养方法。他认为,人的道德情操和思想境界的修养,主要依赖于"敬",即排除杂念,把注意力集中到内心,使心志专一,始终保持敬畏的心境。同时,通过学习来不断充实自己，使自己的思想合乎理义。他提出自己的"格物致知说"，认为格物即是穷理，穷究事物之理，其方法主要是读书、品评古今人物、应事接物恪守礼仪等，最终达到豁然贯通、体悟天理的境界。

程颐的哲学思想对宋明哲学产生了很大影响。后人评价说："阐明正学，兴起斯文。本诸先哲，淑我后人。"清朝康熙皇帝赐给两程祠"学达性天"的匾额。

张仲景立志著医书

张仲景，名机，字仲景，东汉南阳涅阳县人，东汉末年著名医学家，被后人尊称为"医圣"。他的传世巨著《伤寒杂病论》确立的辨证论治原则，是中医临床的基本原则，是中医的灵魂所在。

张仲景从小就勤奋好学，看了很多书。他从史书上看到扁鹊给人治病的故事，心里很感动。从此他努力钻研医学，拜同乡名医张伯祖为师，孜孜不倦地刻苦学习，在年轻时候就掌握了丰富的医学知识。

当时，连年混战造成田园荒敝，瘟疫流行，饿殍遍野。他眼看亲人沦丧，却束手无策，深感疾病的危害和医药的重要，为了同疾病斗争，张仲景辞去官职，一心从医。

每天清晨，张伯祖替病人诊脉，张仲景就在竹简上写药方，另外一些弟子帮着配药。病人川流不息，他们也忙个不停。

目睹此景，张仲景问张伯祖："师傅，为什么不把药方告诉老百姓？他们生病可以自己医治，病人不就可以减少一些吗？"

"谈何容易！老百姓不懂医理，药服错了会出事的。"张伯祖直摇头。

一、大学之道

"那就写本书,把原理告诉大家,让人们生病知道吃什么药。"张仲景又说。

张伯祖说:"这话是对的,可是这事谁来做呢?"

张仲景暗自下定决心:"编写医书这桩事既然没人做,那就由我来做吧!"

从此,张仲景更加勤奋学习。晚上,别人都休息了,他一个人还静静地坐在松明灯下,攻读医学典籍。他读遍了自古以来的医书,吸取了丰富

的医学知识，继承前代医学家们的宝贵经验，总结了五个世纪以来的医学成果，加上自己的实践经验，写出了《伤寒杂病论》。

张伯祖死后，张仲景独立在南阳一带行医，但他始终放不下写书传播医理的心愿。为了写好这本书，他除了继续寻找、研究祖国各种医药典籍外，还尽力采集民间的验方。

有一次，张仲景听说邻近老乡把一个上吊的人救活了，急忙去打听用的是什么方法。结果，他学会了人工呼吸的方法。后来他把这个方法写进了他的《伤寒杂病论》，这是我国历史上第一次有关人工呼吸的记载。

经过几十年的奋斗，张仲景积累了大量资料，经过去粗取精，反复对比，最后写出了《伤寒杂病论》，成为千百年来的中医经典著作，这是张仲景一生立志勤学的结晶。

国治而天下平

物格而后知至[1]，知至而后意诚[2]，意诚而后心正[3]，心正而后身修，身修而后家齐，家齐而后国治[4]，国治而后天下平。

注释

[1] 物格而后知至：通过对万事万物的认识、研究才能获得知识。知至，获得知识。

[2] 知至而后意诚：获得知识后，意念才能真诚。意诚，指意念真诚。

一、大学之道

❸ 意诚而后心正：意念真诚后心志才能端正。心正，心意纯正不偏。

❹ 家齐而后国治：管理好家庭和家族后才能治理好国家。

▌解读

摒除物欲的蒙蔽而后良知觉醒，良知觉醒而后意念真诚，意念真诚而后内心端正，内心端正而后才能修养自身道德；修养自身道德而后才能整治自己的家族，整治自己的家族而后才能治理好自己的国家，自己的国家治理好才能天下太平。

▌感悟

这节是对上一节内容的反复说明，以示郑重叮咛。"格物致知"，在儒家的道德观中，物是指"天下事物之理"，格的意思是穷尽。就是说我们要研究探求一切事物的规律，这叫格物。致知是指更深地发展我们的知识学问。

对外界事物进行深入的认识，使我们对一切事物都能够明了，这叫格物致知。"穷尽天下事物之理"，这是任何个人都无法做到的。其实，"格"是"革除"的意思，唯有革除物欲，我们才能使自己的心灵回归宁静。

修己安人或修齐治平，是儒家治国哲学的基本条件。人作为历史的存在、道德的存在，参与天地化育、社会改造，就需要孜孜不倦地自我省察及努力。那么如何去做？从哪里做起？从"格物"做起，从"致知"做起。"格物致知"，就是要拒绝物质上的诱惑，从而使自己的行为合乎传统礼仪的规范。

> 故事链接

杨云翼礼仪治国

杨云翼,字之美,祖籍赞皇檀山村人。他天资颖悟,博学多才,是金朝杰出的人物之一。金章宗明昌五年甲寅科得中状元,授官承务郎,应奉翰林文字。累官致礼部尚书,兼侍读。

杨云翼为官期间,金朝已由盛期转趋衰退,内外交患。他忧虑在心,勉力支撑,直言劝谏,不避权势,遂以刚正不阿享誉内外。同代人赞其"宏衍博大""中朝第一",夸他为正直节气之士。

金泰和年间,金朝频繁用兵南方。对于这种穷兵黩武、不顾国家大局的祸国之举,杨云翼极力反对,他从各方面进行对比,分析利害得失,坦诚直言:"国家之虑,不在于未得淮南之前,而在于既得淮南之后……"后来,金兵南伐大败,几至全军覆没,章宗愧言无面目见云翼。

杨云翼为官正派,办案理事依据律令,不受上司甚至皇帝干扰、阻挠。一次,百姓因被蒙古骑兵追杀,泅渡黄河,进入南宋。后来这些百姓回到金国后,朝廷欲依法处决,云翼极力谏止:"法所重私渡者,在于防止奸细混入,今平民百姓为兵所迫,奔入于河,只为逃生。如果使民不死于敌,而死于法,那么以后就只有屈从敌人一条路了。"金宣宗幡然醒悟,百姓得以生还。

杨云翼患有风湿病,遇到风雨阴湿天气就疼痛难忍。皇上很关心他的病情,并亲自询问治好这种病的药方。

杨云翼于是借医寓理,回答说:"只是先把心治好而已。心中没有病,邪气自然平息。治理国家也是同样的道理。如果君王先把自己的心放正，行为正派，那么正气就树立起来了，朝廷百官就没有一个人敢于不正派了，天下百姓也就自然安居乐业了。"皇上豁然明白。

杨云翼不仅政声卓著，练达吏事，直言敢谏，且文名大盛，与文人名士交往甚广，发现贤才使极力推荐，为国家积聚了许多人才。元好问盛赞他"惟其视千古而不愧，是以首一代而绝出"。

自天子以至于庶人

自天子以至于庶人❶，壹是❷皆以修身为本❸。

注释

❶ 庶人：指平民百姓。
❷ 壹是：一切、一律，都是。
❸ 本：根本。指修身。

解读

不管是高高在上的天子，还是普普通通的平民百姓，都应该时刻把修养自身的道德作为根本，这样才能够不断地提高自己的精神境界。

感悟

本节文字虽短，但义理深厚，它告诉我们不管你从事于任何一个行业，你扮演的是什么样的角色，你希望家庭兴旺、事业发展，第一步都是要从修养自己开始。我们有这样的态度，才是真正往理智的路上迈出了一大步。

千层之塔，始于垒土。一个人做事，如果不从最根本的地方入手，将不会有大的建树。修身，不仅是一个人立身处世之本，也是一个人成长的必由之路。

在平时的学习、生活中，要从一言一行开始，从一点一滴做起，养成一种习惯，形成一种本能。要经常反省自己的不足，改正自己的缺点，才能达到学有所成、学以致用的目的。

故事链接

伍子胥知恩必报

伍子胥，名员，字子胥，楚国人，春秋末期吴国大夫、军事家。因封于申，也称申胥。

春秋时期，吴国军队进攻郢都，楚昭王出逃在外，不知去向。吴军统帅伍子胥怀疑楚昭王是躲藏到郑国的都城里去了。随即吴军将郑国的都城围困起来。

郑国都城内顿时恐慌起来，郑王急需找到一个能使伍子胥退兵的人，并许诺伍子胥退兵后将赐予此人爵位、采邑。

郑国都城内有这样一个人，他父亲渔丈人曾经救助过伍子胥，伍子胥一直惦念着报答这份恩情，所以渔丈人的儿子是说服伍子胥退兵的最好人选。

渔丈人的儿子奉命来到了吴军营地，吴军士兵将他带到伍子胥帐下。

伍子胥问道："你是何人？"

一、大学之道

　　渔丈人的儿子回答道:"我是鄂渚渔丈人的儿子。"

　　伍子胥问:"你这时候前来,有什么事情吗?"

　　渔丈人的儿子答道:"郑君下了命令,有人能使吴军撤退,就把国家分给他一半。我知道您和我父亲是莫逆之交,希望您能够看在我父亲的面上将军队撤走,以解郑国被困之危。"

　　伍子胥说道:"我伍子胥能有今日都是渔丈人的功劳,苍天在上,我岂能忘恩负义呢!"于是,他答应了渔丈人儿子的请求,不再围困郑国国都,退兵而去了。

许容宽厚待人

许容,清朝大臣。康熙五十年举人,授陕西府谷知县。内迁工部员外郎,考选广西道御史。雍正元年,改会考府郎中,仍兼御史。许容善于写文章,非常有名。但他十分谦虚,从不拿自己和有才能的人相比,更不敢与古代的圣贤媲美。

早年学校测试士子,许容的一个朋友偷了他的文章,得到了第一名。他的朋友得意忘形,见人就吹嘘,甚至还在原作者许容面前自夸。许多朋友都为许容感到不平,想当面斥责那个无耻的人。

许容却极力劝阻大家:"文章关系着一个人的命运。他的命运该当第一,与文章有什么关系?何况那篇文章的确不是我写的,你们不要误会了。"

那个偷他文章的朋友听说后,光着膀子跑来向许容认错,并再次向他索求文稿。许容将自己最好的文稿给了他。后来的考试中,得到许容文稿的那个朋友凭借这篇文章居然考上了进士,而许容却名落孙山。

后来,偷许容文章的人做了山东滕县尹。许容正好北上赴考,路过滕县,停船休息。那人外出拜见客人,看到许容假装不认识。回到县衙后,又让人四处驱逐浙江人,不允许浙江人在县境内停留,目的是想赶走许容,怕许容说出文章的真相。

许容原来也没有停留访友的心思,只好一笑了之。许容到京城后,考中进士,被皇帝钦点为山东巡抚,正好是偷他文章那人的上司。

许容的朋友无颜来见他,就上书告病。仁厚的许容却安慰这位朋友,始终不提先时的文章和滕县驱逐的事情,对待他仍然像相识时一样友好。

宽厚待人不仅需要"海量",更是一种修养。它意味着给予,而给予别人却能使自己变得更加富有。

其本乱而末治者

其本乱而末❶治者,否矣。其所厚者薄❷,而其所薄者厚❸,未之有也❹。此谓知本,此谓知之至也。

注释

❶ 末:相对于本而言,指枝末、枝节。指齐家、治国、平天下之事。
❷ 厚者薄:该重视的不重视。
❸ 薄者厚:不该重视的却加以重视。
❹ 未之有也:即未有之也。没有这样的道理(事情、做法等)。

解读

如果一个人自身的道德修养是败坏的,却要他去整治家族、治理国家、使天下太平,那是不可能的。如果他所尊重的人轻视他,他所轻视的人却尊重他,这样要达到整治家族、治理国家、使天下太平的目的的话,那是从来都不可能的。这就是智慧的根本所在,这就是智慧的最高层次。

感悟

古语云:"石可破也,而不可夺其坚;丹可磨也,而不可夺其赤。坚与赤，性之有也。性也者，所受于天也，非择取而为之也。"石头可以被打碎，但不能夺取它坚硬的本性；丹砂可以磨碎，但不能夺取它赤红的本色。坚硬与赤红，是其本性所具有的根本属性。本性是自然生成的，不是通过选择而形成的。

每个人的才能都不一样，不能以一个标准衡量。尺有所短，寸有所长。一个行业中的优秀人才，未必是另一个领域的行家。在同等条件下优先选拔重用有较高德行修养的人，对国家、对社会、对人民有百利而无一害。

故事链接

子罕视德如玉

乐喜，子姓，乐氏，字子罕，是春秋时期宋国贤臣。在宋平公时任司城，位列六卿。

子罕虽身为京城中的官员，却从不恃权营私，贪恋钱财。不管是亲朋好友，还是素不相识的陌生人，凡别人送来礼物，子罕一概拒收。

有一天，子罕正在府中处理政务，忽然差役进来禀报说，门外有个人求见。子罕急忙放下手中的事务，示意有请。

不一会儿，差役把那人请了进来，只见他峨冠博带，衣冠楚楚。那人进门后，一边向子罕施礼作揖，一边口若悬河地说开了："久闻大人英名，如雷贯耳，怎奈宋齐两国路途遥遥，无缘相见，今日得见大人尊容，实属三生有幸。"

子罕十分谦和地回答说："客人来访，理当会见，请不必多礼。"

接着，子罕想询问来人的情况和来意。然而那人却只管一面欣赏厅里的摆设，一面不断地奉承子罕。

见此，子罕虽耐着性子，浑身却像针扎一样难受。出于礼貌，子罕不便发火，只好敷衍着和他胡乱谈了一会儿话。

坐了好半天，也不见那人说明来意。子罕因有公事在身，心里很着急，只得委婉地说："足下一路风尘仆仆，鞍马劳顿，是否先到客舍休息休息。"

那人说："大人既是公务在身，小人不敢打扰，今日至此，只有一事相商。"说着，抬眼望了望子罕的左右。

子罕会意，向身边的差役们挥了挥手，让他们退下。那人见厅内别无

他人，走到子罕跟前，低声地说："小人仰慕大人已久，今日得以相见，我这里有一块刚得到的宝玉，要是雕琢好了，它是无价之宝啊！现在我奉献给你，请大人笑纳。"

说着，那人从袖中把那块碧玉取了出来，双手递给了子罕。子罕接过那玉细看，确实是块宝玉。他放在手上翻来覆去看了几遍，然后，把那玉又递还给了那人。

那人一看，急了，他以为子罕怀疑那玉不是珍宝，忙说："小人已请玉匠鉴定过了，的确是块价值连城的宝玉啊！你看这纹理多么华美，这色泽多么斑斓，这形态……"

子罕见那人如此殷切，笑着解释说："我并非怀疑它不是宝，我不收，是因为它是你的宝，而不是我的宝。对你来说它是无价之玉，而它对我来说就不是宝。你把碧玉作为宝，我把不贪作为宝。如果我收了你的宝，岂不是你也丢了宝，我也丢了宝？我看还是我们各自守住自己的宝好啊！"

听了子罕的这一番话，那人只得收起那块玉，灰溜溜地走了。

二、康诰

克明峻德

《康诰》①曰:"克②明德。"《大甲》③曰:"顾④諟天之明命⑤。"《帝典》⑥曰:"克明峻⑦德。"皆自明也。

注释

① 《康诰》:《尚书》中的一篇,《尚书》是中国上古历史文件的汇编。"尚"即"上",《尚书》意即上古之书。相传由孔子编选而成。

② 克:能、能够。

③ 《大甲》:即《太甲》,《尚书·商书》中的一篇。

④ 顾諟(shì):顾,回顾。引申为经常顾念。諟,此。

⑤ 明命:光明的禀性。

⑥ 《帝典》:即《尧典》,《尚书·虞书》中的一篇。

⑦ 克明峻德:即人要能彰明本身的大德。峻,意为伟大、崇高等。峻德,即大德、高尚的品德。

解读

《康诰》中说:"能够彰明德行。"《大甲》中说:"经常顾念上天赋予的德行。"《尧典》中说："能够弘扬崇高的品德。"这些都是要自己弘扬光明正大的美德。

感悟

《尚书》又叫《书经》，记载了古代一些帝王的训、诫、诰、命，以及君臣之间关于施政的讨论。它是一部历史文献，都是真实的记录，类似于汉代司马迁所著的《史记》，具有真实性和权威性。

曾子引用《尚书》的字句，意思是说修心是有据可查的，不仅孔子修心，以前的帝王大臣也修心，让人们更加坚定修心明德的决心。言下之意是说，《康诰》上说了能明明德，《大甲》也说可以明明德，《帝典》也是这么说的，这些帝王都是修心的，大家都能彰显自己的本性，这还有什么可以值得怀疑的呢？

故事链接

周瑜雅量宽宏

周瑜，字公瑾，庐江舒县人，三国时期东吴的高级将领。他年轻有为，才华出众，度量宽宏。在正史上，周瑜"性度恢廓""实奇才也"，孙权称赞周瑜有"王佐之资"，范成大誉之为"世间豪杰英雄士，江左风流美丈夫"。

曹操听说周瑜年轻且有才华，想通过游说使周瑜归附于自己，便派出蒋干充当说客前往东吴。蒋干仪表不凡，以能言善辩著称，在江淮一带可算是首屈一指，没有人能比得过他。

蒋干身穿布衣，头戴葛巾，凭着他与周瑜的同乡关系，推说是私下会友来拜见周瑜。

周瑜对于蒋干的求见意图，心里十分明白，然而他仍以礼相待，亲自出营迎接。周瑜见到蒋干时既热情又坦率地说："你太辛苦了，这次你远道而来，是替曹操做说客的吧？！"

蒋干心中一惊，但嘴上仍然说："我与你是同乡，中间分别多年，早就听说了你的美名和功业，所以特来叙叙阔别之情，看看你风雅的志趣。你却说我是说客，恐怕是神经过于敏感了吧！"

周瑜没有生气，而是笑了笑说："我虽然不是有名的乐师，但我听到琴声还是能辨出别人弹的是什么曲子的。"

周瑜始终不曾因为蒋干来游说自己而显得失礼，而且为他安排了酒宴，给予热情接待。

宴毕，周瑜打发蒋干说："正巧我有点机密的事情要办，请你暂到馆舍中住几天，事办完后，我再来请你。"

三天后，周瑜处理完军务，邀蒋干观看营寨及仓库中的军用器物。回到营中宴饮时，周瑜又吩咐侍从将他的各种服饰和珍奇玩物给蒋干看。

趁此他对蒋干说："大丈夫活在世上，遇到知己的明主，就应亲如骨肉，言听计从，同舟共济，岂能朝秦暮楚，为别人的势力所诱惑呢？我的志向已定，就是以前的苏秦、张仪、郦食其这样的游说之士来说服我，我也会让他们扫兴而归。又怎么能让你这样的年轻书生说动心呢？"

一番话，说得蒋干无言以对。

蒋干面对眼前言辞巧利、举止洒脱、气度恢宏的周瑜，无计可施。回到曹营，他一再称赞周瑜度量宽宏，不是任何言辞所能说服得了的。

刘温叟婉拒厚礼

刘温叟是宋朝的大臣，在朝中主管过吏部，任过御史中丞等职。刘温叟廉洁正直，又有才干，先后得到宋太祖、宋太宗的器重和信任，朝野内外名气很大。不少人愿做他的门生，拜他为师。也有些势利之徒和惯于钻营的小人总想寻找机会接近他，和他拉关系。

有一次，一个自称是刘温叟门生的人，突然给他家里送去一车粮草，作为进见礼。他想以此博得刘温叟的欢心，以便进一步投靠和求助于刘温叟。刘温叟见此人这般举动，心中很不快，但他仍然以和蔼的态度百般推辞。可是，尽管刘温叟推辞再三，这个人就是不肯把粮草拉走。

没办法，刘温叟吩咐家人拿出一套贵重的衣服回赠给这个送礼的人。这套衣服的价值是那车粮草价值的好几倍。那送礼的人一看这种情形，只好放下衣服，无可奈何地把那车粮草拉了回去。

宋太宗知道刘温叟一向清廉，在大臣之中并不富裕。于是，特意派人给他送去了五百千钱，既有奖赏之意，也有关怀之情。

刘温叟见是皇上的赏赐，只好收下。然后，他把这些钱原封不动地存放在自家的一间屋子里，并当场把钱和门都封上了，送走了送钱的人。

第二年端午节时，宋太宗又派人给刘温叟送来一些粽子和扇子，以表示对他的器重和关怀。那派来的人恰好还是去年送钱的那个人。那人到刘温叟家中一看，去年送来的钱仍然放在那间屋子里，原封未动，事后，那人回去把所见情形如实地向宋太宗做了禀报。

宋太宗听说后，心中万分感慨，说："连我送去的钱都不用，更何况是别人送的了。看来，过去他之所以收下了我的钱，只是不想拒绝我的好意啊！这钱整整一年还未启封，可见他的情操是多么的高尚。"

三、盘铭

苟日新，日日新

汤①之《盘铭》②曰："苟日新③，日日新，又日新。"《康诰》曰："作④新民。"

> 注释

①汤：即商汤，子姓，名履，契的第十四代孙，主癸之子，商朝的开国君主。

②盘铭：刻在器皿上用来警示自己的箴言。这里的器皿是指商汤的洗澡盆。

③新：这里的本义是指洗澡除去身体上的污垢，使身体焕然一新，引申义则是指行精神上的弃旧图新。

④作：振作，激励。

> 解读

商汤王刻在浴盆上的箴言说道："如果能够有一天自新，就应该保持天天都要自新，并且永远不断地自新。"《康诰》中说道："鼓舞人们弃旧图新。"

大学

感悟

本章引用经书,深入阐明"新民"的道理,教育人们自新、新民。"明明德"是人在静处时的道德修养境界,要求弘扬天性中光明正大的品德。而"苟日新,日日新,又日新"则是从积极的角度强调德行的修养必须坚持不断革新,一天天向着那个目标趋进,日积月累,渐成大德,它展示的是一种革新进取的姿态,是自觉弃旧图新的道德升华。

如曾子每日三省其身,改过自新。今日改掉一点过失,明日又改正一个错误,以内心的至诚砥砺自己,以修养成就自己美好的德行为最高境界,从而保持精神的纯粹与高洁,固守人格的完美与高贵。

故事链接

周处改过自新

周处少年丧父,不满二十岁时,其体力就超过常人,喜好跑马打猎,并且放荡不羁。乡里人都十分厌恶他,把他看成是一大祸患。

当时,阳羡一带连年遭水灾,据说是因为河里有一条蛟龙在那里兴风作浪,致使水患不断;在阳羡南山上又有一只白额猛虎,经常下山为害人和牲畜。这样,乡里人就把河里的水患、山上的虎患和人间的周处称作当地的三大祸患。

周处知道了人们对他的这种怨恨和讨厌以后,立下了发愤改过的决心。但是,他又怕得不到人们的理解和信任,于是去向乡里的尊长请教。

尊长对他说:"你如果能除去三害,那就是为大家做了件大好事,到时人们怎么能不信任你呢?"

三、盘铭

周处听了尊长的话,觉得很有道理。他想,既然自己被人们深恶痛绝,自己就应当以实际行动为民除害,以取得人们的信任。于是,周处带上刀箭进山去把猛虎射死了。

接着,周处又投入水中与那蛟龙搏斗,经过三天三夜,终于把蛟龙杀死了。人们不见周处返回,以为他也死了,大家非常高兴地互相庆贺。

周处回到家乡后,看到这个情形,才知道乡里人多么憎恨自己过去的作为。于是,他怀着无限愧疚的心情,到有名望的人那里请教。

有名望的人说:"乡里人憎恨的是你过去的行为。现在你虽然把猛虎、蛟龙这两害都除掉了,但人们还希望你把过去的错误也彻底除掉啊!三害全除,这才是皆大欢喜呢!"

大学

周处回到家乡后，发愤上进，好学不倦，讲究节操，举止言行做到忠信克己。一年后，他终于赢得了人们的信任，州府见他是个有志有勇的人而争着聘用他。后来，周处勇于正视自己的错误，并能从善如流，真诚改过的行为传为了佳话。

荆浩受教于山野老人

荆浩，字浩然，号洪谷子，五代后梁画家。他擅画山水，师从张璪，吸取北方山水雄峻气格，作画"有笔有墨，水晕墨章"，勾皴之笔坚凝挺峭，表现出一种高深回环、大山堂堂的气势，为北方山水画派之祖。

荆浩年轻时因逃避战乱，隐居太行山洪谷，埋头学画。有一天，荆浩因迷路走到一个乱石林立的峡谷里，只见峡谷里小溪清澈，古松参天，便摊纸作画。后来，他日日写生，画艺也飞跃进步了。

第二年春天，荆浩又去峡谷作画，路上碰见一个衣着简朴的老人。老人见了荆浩，亲切招呼，说："你又来作画呀？"荆浩少年气盛，见老人像个山野老农，只嗯了一声，又昂然举步了。

"你知道画法吗？"老人并不生气，举杖随行。

荆浩以为老人轻视他，心里有气，就顺口说道："画画嘛，画得像就好。"

"你说错了。"老人感慨地说，"我见你天天到此临画山景，风雨不辍，精神可嘉。但你只能画外形，那怎么行呢？画者，刻画也。要深入领会描写对象的特点和精神实质，才能形神兼备，精巧入微啊！"

荆浩大吃一惊，忙问老人姓名，以便登门求教。谁知老人笑而不答，飘然而去。

从此，荆浩虚怀若谷，听取不同意见，汲取各家之长，独创一格，终成名家，被后人尊崇为山水画的宗师。他自己也终生不忘那位不知姓名的老人的教导。

君子无所不用其极

《诗》曰："周虽旧邦❶，其命❷维新。"是故❸君子❹无所不用其极。

注释

❶ 旧邦：旧国。
❷ 其命：指周朝所禀受的天命。
❸ 是故：所以。
❹ 君子：有时候指贵族，有时指品德高尚的人，根据上下文不同的语言环境而有不同的意思。

解读

《诗经》中说道："周国虽然是一个古老的诸侯国，但是它却能够秉承天命，进行自我更新。"所以，品德高尚的人永远都在不断地追求、提高和完善自己的道德修养。

感悟

但凡人们沉浸于旧有的秩序之中，安于眼前的安逸，而不思进取，便会自限于个人的发展，也于事业无益。回顾历史的发展，人类的每一次创新，不论是自然科学领域或是社会哲学方面，都必然引起相应的社会变革，推动社会前进，也从而使人类从自然的桎梏中解放出来，从必然王国向自由王国前进，走向自由的天地。

社会唯有创新，才能顺应发展，体现的是客观规律。也只有创新与发展，才是历史发展的基本趋势。只有创新，才能推动历史的发展，进而改变人类自身的命运，也同时改变人的命运。

故事链接

庞统乱世不忘教化

庞统，字士元，东汉末襄阳人，与诸葛亮齐名，号称"凤雏"。庞统其貌不扬，却胸怀韬略，素有大志。

赤壁之战后刘备占领荆州，任命庞统为耒阳令。他在县不治事，后经鲁肃、诸葛亮推荐，任为治中从事、军师中郎将。提出了西取汉中的方略，并致力付诸实施。跟随刘备征蜀，进兵成都。计擒蜀将杨怀、高沛。建安十九年，在围攻雒城的战斗中，中流矢而死。追赠关内侯，成为三国时的著名谋士、将领。

庞统喜欢讲论道义德行。据《世说新语》记载："庞士元去到东吴，吴人引以为友。见陆绩、顾劭、全琮，对他们评价说：'陆子就像一匹老马，有捷足远行的才用；顾子则如一头老牛，可以负重致远。'有人就问：'按照你的这个评断，是不是陆子胜于顾子？'庞统说：'老马虽然长于迅捷速行，但只能致一人远行。老牛虽然一日行走百里，但是其所致达的则不止是一个人呵！'吴人以为评价精当。"他在修养方面总是给予人们过高的评价。

当时的人们都不能理解他为什么要这样做。他说:"当今天下群雄并起,战乱频仍,伦理道德观念日趋衰微,好人善行得不到褒扬,坏人罪恶不能清算。我正是为了以此倡导好的风俗,振兴合乎道义的事业,从而使有志向善的人们受到勉励。那么,就不能不这样做。语言不动听就不能感动别人,也就引不起别人的羡慕。现在,如果能有一半人崇尚伦理、教化,那也是值得欣慰的。"

范雎进言秦昭王

范雎,字叔,魏国人,著名政治家、军事谋略家,因封地在应城,所以又称为"应侯"。他辅佐秦昭王,上继孝公、商鞅变法图强之志,下开秦始皇、李斯统一之大业,是一位在政治上、外交上极有建树的谋略家,为秦统一天下奠定了坚实的基础。

范雎少年时就怀有雄心大志,但是苦于家贫,只好投到魏国大夫须贾门下,希望有朝一日能得以发挥自己的才志。但是须贾嫉贤妒能,他认为范雎的辩才之能抢了自己的风光,便设计暗害他。在吏卒的帮助下,范雎才抽身逃走。后来靠着魏国人郑安平帮助,藏在民间,化名为张禄。

公元前271年,秦昭王派使臣王稽入魏。这时的秦国,由于变法奠定了富国强兵的坚实基础,又经惠文王等几代人的不懈努力,国势更加强盛。秦国有个传统政策,荐贤者与之同赏,举不肖者与之同罪连坐。因此,秦国的有识之士,时常注意访求人才。

郑安平听说秦国的使臣到来,便冒充贱役,去服侍王稽,想从中为范雎通融。通过郑安平的引见,再加上和范雎的长谈,王稽发现范雎是个少有的贤士，便把使命交接完毕后，带着范雎前往秦国。

范雎进入秦国，住在下等客舍，过着粗食淡饭的生活，待命一年多，仍未得到任用。后来，范雎对秦国大政问题，提出自己的看法，上书秦昭王，秦昭王见书大喜，重谢王稽荐贤之功，传命用专车召见范雎。

范雎进入秦宫，早已成竹在胸，他径直向禁地闯去。秦昭王走来，他故意不趋不避。宦官见这情况，大声斥责他："大王已到，为何还不回避？"

范雎反唇相讥，说道："秦国何时有王，独有太后和穰侯！"这话分明是刺激昭王。昭王听出话中有话，又恰恰点到心中隐痛，赶忙把他引入密室单独倾谈。

秦昭王毕恭毕敬地问道："先生以何教诲寡人？"范雎一再唯唯连声，避而不答。最后，秦昭王深施大礼，苦苦乞求说："先生难道永远不愿意赐教吗？"

范雎见秦王心诚，这才婉言作答："臣非敢如此。未见大王之心，所以大王三问而不敢作答。臣不是怕死不敢进言，臣怕天下人见臣忠而身死，从此缄口不语，裹足不前，不肯向着秦国。"最后，范雎才点出秦国的政治弊端。

秦昭王听后，推心置腹地说："秦国地处僻远，寡人糊涂。如今能得到先生您这样的贤才，真是三生有幸。从此以后，事无论大小，上自太后，下及大臣，愿先生好好教寡人如何处理，不要有什么疑虑。"

秦昭王从此重用范雎，使得后来的秦国在政治、军事和外交活动上，确实比以前更加强大和富有生气。

四、邦畿

邦畿千里，维民所止

《诗》云："邦畿❶千里，维民所止。"《诗》云："缗蛮❷黄鸟，止于丘隅❸。"

注释

❶ 邦畿（jī）：指都城及其周围的地区。
❷ 缗（mín）蛮：即绵蛮，鸟叫声。
❸ 隅（yú）：角落。

解读

《诗》中说道："在京都附近的方圆千里，是百姓居住的地方。"《诗》中说道："那些小小的黄鸟儿，都停息在那山丘上。"

感悟

人民是国家存在的根据，没有人民的支持，任何政权都不可能长久存在。国家巩固的基础在于民心，只有依靠人民，得到百姓拥护，国家才有可能强盛。强权与暴行，是得不到民心拥戴的。只有仁德才是民心所向往的。正如《诗》中所说："邦畿千里，维民所止。"

大 学

民好仁而国安和,民好义而国无乱臣,民知耻而国有礼仪,民知是非而国无忧患。因此,无论国家强弱,城市大小,兴衰存亡,一切取决于民心所向。一切的政略举措,都应当根据人民的心愿来推行或是停止。

故事链接

晏子劝君关心人民

晏子,字仲,夷维人,春秋时期齐国著名政治家、思想家、外交家。历仕齐灵公、庄公、景公三朝,辅政五十余年。

晏子个子矮,楚王看不起他,让他从小门进城,他说道狗国才开狗洞,看门人只好开大门迎接他。楚王在宴请时绑来齐人出身的罪犯羞辱晏

子，晏子说出了橘生淮南为橘，移到淮北变成酸枳的名言，狠狠地回击了楚王，讽刺齐国人好而楚国社会风气不好，巧妙地维护了齐国尊严，楚王不得不刮目相看。

在齐国，晏子也时时处处为人民利益着想，劝齐国国君齐景公关心人民的疾苦。

有一年冬天，大雪下了三天三夜，天气冷极了。齐景公披着白狐狸皮斗篷，坐在宫殿里观赏雪景，还派人去叫晏子也来赏雪。不一会儿，晏子来了，齐景公让他坐在一旁，说："没什么事吧，您难得有闲空，今天就和我一起赏雪吧！"

晏子没答话。过了一会儿，齐景公没话找话地说："真奇怪，一连下了三天大雪，可是一丁点儿也觉不出冷来。"

"天气真的不冷吗？"晏子追问了一句。

齐景公也觉得自己的话说得不对了，不好意思地笑了笑。晏子说："我听说贤明的君主在自己吃饱的时候，惦记着别人在挨饿；自己穿暖的时候，不忘别人的寒冷；自己安逸享乐，要想着劳苦的百姓。现在，您把这些全忘了。"

齐景公听着，脸不觉红了，忙说："您说得对，我明白了。"说完，齐景公下令，从仓库里取一些衣服和粮食，发放给穷人。

齐景公特别喜欢养鸟。有一次，他得到一只非常美丽的小鸟，派一个叫烛邹的人特意给他养这只鸟。可是，过了几天，那只鸟飞走了。齐景公气得直跺脚，大声喊道："烛邹，我要杀了你！"

站在一旁的晏子说："是不是先让我宣布烛邹的罪状，然后再杀也不迟。"

齐景公说："可以。"

这时候，武士们把烛邹绑来了，晏子绷着脸，严厉地对他说："烛邹，你犯了死罪，罪过有三条：第一条大王叫你养鸟，你不留心让鸟飞走了；第二条你使国君为一只心爱的鸟要动手杀人了；还有这件事让别人知道了，都会认为我们国君只看重鸟而轻视百姓的生命，从而看不起齐国，这是第三条。所以国君要杀死你！"

说到这儿，晏子回过头来对景公说："请您下令吧！"

齐景公明白晏子是在责备自己，他干咳了两声，说："算了，算了，把他放了吧！"

接着，齐景公走到晏子面前，拱手说道："若不是您及时开导，我险些犯了大错呀！"

过了些日子，春暖花开，齐景公亲自到山上捉鸟。他看见一只漂亮的鸟，刚要射箭，忽然传来一阵砍柴声，把鸟惊飞了。齐景公的坏脾气又上来了，立刻喊道："把那个砍柴的抓起来，带回去找收拾他！"这时，一个随从跑过来告诉齐景公："那边有一个鸟窝，里面有响声。"

齐景公走过去一看，鸟窝里有一只刚出生不会飞的小鸟，毛茸茸的，张着小嘴不停地望着生人叫，齐景公觉得小鸟怪可怜的，就把它放回窝里了。

等齐景公回宫，让晏子碰见了，晏子问："您今天捉了几只鸟？""咳，费了老大劲，捉到一只小鸟，我看它不会飞怪可怜的，就又放回窝里去了。"

晏子听完，转身向北拜了几拜，然后高声说："我们国君今天做了圣人做的事啊！"

齐景公不以为然地说："您说到哪去了。我抓了小鸟，看它小放了它，这跟圣人有什么关系呢？"

晏子说:"这件事虽小,可我看得出,您对鸟兽都有仁爱之心,我想,今后您一定会更加关心百姓,所以,我说您是做了一件圣人做的事啊!"

齐景公听了这话,想起押回来的那位砍柴人,忙说:"快放了那个砍柴人吧,我要做一个好国君。"

晏子就是这样聪明机智,劝君爱民。百姓、大臣、诸侯、君王都敬重他的人品、才华。有一本叫《晏子春秋》的书,专门记录了晏子的一些动人故事,其中有许多至今还在人民当中流传着。

柳宗元体恤民生

柳宗元是中国历史上很有才华的政治改革家、著名文学家。他体恤民生疾苦,一生勤劳节俭,特别是开发岭南、造福岭南人民的美德千古流芳。

唐宪宗时期,已经四十三岁的柳宗元再度遭受打击,被贬到荒凉遥远的广西柳州做刺史。当时的柳州,古树参天,杂草丛生,毒蛇猛兽,比比皆是。

生活在这里的壮族百姓,生产力低下,文化落后,迷信活动盛行,生活极端贫困。柳宗元上任后,一面改革落后习俗,一面带领百姓勤耕垄亩,发展生产。

当时的柳州,荒地很多。柳宗元就组织闲散劳力去开垦。他教人们在开垦的土地上种菜种稻,种竹种树,仅大云寺一处就种竹三万竿,开垦菜地百畦。他很重视植树造林,自己还亲自在柳江边上栽柳树,到柳州城西北种柑树。

柳宗元亲自动手种植中草药,还亲自采药、晒药、制药、研究药的功效，常常用自己做试验，认识药性和药效，向人们宣传防病治病的知识。当时，柳州民间流传着"三川九漏"的说法，柳州人不敢破土打井，因此，人们不得不用各种器皿去背江水饮用，路途遥远，十分艰难。

柳宗元动员百姓破除迷信，并亲自动手带领大家破土打井，从那以后，柳州人才吃上自己打的井水。

在柳宗元的教化下，柳州人还学会了养鸡、养鱼、修造船只等本领。当地改变了落后面貌，出现了人人劳作，勤耕垄亩，宅有新屋，步有新船的新景象。

柳宗元做柳州刺史四年，一心恤民奉公，自己生活却很凄苦。虽为一州之长，但死后却无钱料理丧事，还是朋友相助，才得以归葬先人之墓。

为了怀念这位刺史，柳州人民为他在罗池立庙，奉他为"罗池之神"。这庙至今还矗立在柳州市的柳侯公园里。

柳宗元体恤民生疾苦，一生勤劳节俭，在开发岭南、造福岭南的事业上，赢得人民的高度赞扬，他的美德也流芳千古。

于止，知其所止

子❶曰："于止❷，知其所止，可以人而不如❸鸟乎！"

注释

❶ 子：古代对有德之人的敬称。这里指孔子。
❷ 止：栖息。

四、邦畿

❸ 不如：比不上或者表示前面提到的人或事物等比不上后面所说的。

解读

孔子说："啊，黄鸟儿都知道它应该栖息的地方在哪里，知道哪里才是它们的好去处，再想想人类，人们怎么可以比不上那些黄鸟儿呢？这是不应该的呀。"

感悟

各得其所，意思是个体在整体中应处于合适的位置或地位，不要抱有非分之想。个体的行为，更应当依据集体的行为规范，行所当行，止所宜止。同样，治理天下没有别的，只要使万事万物都能各安其所就行。

人对于自己的行为，哪些是适宜的，哪些是需要立即停止的，如何确定？怎样才能做到适度，达到尽善和完美？作为个人修养来说，顺义则行，悖德则止，这应该是我们能够自己决定的。

同样，一个企业、一个单位内部，上下级之间、各部门之间，也都要各自遵循既定的秩序，既不能超越权限，越俎代庖，也不应互相推诿，逃避责任。应当各司其职，和谐共事，做好自己该做的，在不该占有的权力面前停下自己伸出的手。

故事链接

不折腰的陶渊明

陶渊明是晋代大诗人，他曾经做过江西彭泽县的县令，所以，后人又

| 大 学

叫他"陶令""陶彭泽"。

陶渊明在彭泽做县令时,有一天早晨,他刚起床,就有一位官府差役骑马跑来。差役大声呼喊:"陶大人在吗?"陶渊明赶忙走出室外,一看,原来是郡(县的上级)里来的差役。他问:"是送公文吗?"差役点点头,说:"郡里让送给大人的。"

陶渊明接过公文看了起来。原来郡里要派一个要员到彭泽来检查公务,要陶渊明做好准备。陶渊明和他的助手都明白,所谓做好准备,就是要准备好礼品和饭食。

陶渊明哼了一声,将公文扔在了桌子上,说:"岂有此理!几天前刚查过,怎么又来了!上回买礼品的钱还没有着落呢,这回去哪找钱?难道都摊到老百姓的头上?"

陶渊明的助手同情地望望那封公文,点点头说:"唉,真没有办法。官大压死人嘛!"说罢,他取过公文看了看,又劝陶渊明,说:"大人,

您还是三思为好。"

陶渊明生气地问:"怎么讲?"那助手轻声说:"您想想,如果我们不请客、不送礼、不伺候好上边来的官,我们可就要倒霉了。"

"你是说我们应该低三下四?"

"唉,也是迫不得已呀!"

陶渊明发怒了,只见他双手握拳,猛地砸在桌子上放着的那封公文上,大声说:"不!我决不为当个小小县令,混口饭吃,而向那些作威作福的老爷们低头弯腰!"说罢,他脱下官服,摘下官帽,交出官印,坐下来写辞呈。

陶渊明宁可去当一个普通的农民,宁可丢掉每月的薪俸,也不向那些权贵低三下四。他毅然决然地返回老家柴桑去了。那里有散发着泥土香气的田园,那里有勤劳朴实的乡亲,那里有他创作诗歌的灵感。

游福明以信义立天地

游福明,清代江西南昌县人,同样是一个重义之人。他见富者不羡慕,只知安贫乐道,坚守信义规矩,最后获得了巨大成功。

清代道光年间,游福明十岁那年,母亲因染风寒,竟是一病难支。游福明立刻前往李家庄告知父亲,并向李员外借贷白银五两,回来后替母亲找大夫医治。然而母亲未见起色,最后病入膏肓,离开了人世。游家父子再向李员外借贷,并承诺双双进入李家庄为奴,抵偿债务。

在李家,游福明专事看管庭院中的花草树木,由于用心做事,深得李员外赞赏。后升为李家庄的总管,掌管账房之事。他更加不敢怠慢,处理账目有条不紊,清清楚楚,绝不含糊,更不需李员外操心。不久李员外身染重疾，三月后撒手人寰。

李夫人因丧夫悲痛，不久也离世了。游福明视之如同自己的母亲，重礼葬之，为其守孝三年。此后，游福明更加谨慎处理李家所遗留下来的产业。

游家父子将李家的产业打理得比李员外在世时更加兴旺，将开支后的所有结余，以李家庄的名义一直在从事慈善活动。游福明还为李员外建立一座祠堂，供乡里民众膜拜。六十多岁时，他将李员外遗留的全部产业用于建寺院，寺院建成后，庄内所有人可以自愿在此清修，直至终老。

游福明了却了凡间的一切杂务，专心悟道。他清修三十余年后，九十六岁那年去世。人们在天赦寺厢房，供立游昌、游福明父子二位的永久禄座。儒家主张处世应该心存"仁、义、礼、智、信"，人无信不立。游福明为葬母，卖身于李员外为奴，能坚守信诺，自始至终永不背信，其事迹成为美谈。

穆穆文王，于缉熙敬止

《诗》云："穆穆❶文王，于❷缉❸熙❹敬止！"

注释

❶ 穆穆：仪表美好端庄的样子。
❷ 于：叹词，啊。
❸ 缉：继续。
❹ 熙：光明。

四、邦畿

解读

《诗》中说道："周文王的仪表是严肃恭敬的，此外，令人感到推崇的是他那光明的美德，对于周文王的美德，人们没有不崇敬的。"

感悟

自己是谁？负什么责任？自己的位置在哪里？什么事情该做？哪些利益不该得到？这一切问题，归结起来，就是要能够"知其所止"，即知道自己应该停在什么地方，然后，才谈得上"止于至善"。

对于为政者来说，是否有德，不仅关系到个人的修养素质，更关系到人民的福祉、国家的兴衰。

古人说："才者，德之资也；德者，才之帅也。"而对于平凡的我们来说，也并不只是自己，我们承担着诸多的角色，在任何一个方面，我们都必须争取做到最好。

故事链接

周文王访贤

周文王是一个勤政爱民、雄才大略、生活勤俭的有为君主，他倡导笃仁、敬老、慈少、礼贤下士的社会风气，大大刺激了周地经济的发展。

一次，周文王出外访贤，途经一所村庄，觉得肚子饥饿，口中发渴，实在难忍，就坐在大树下休息。

正巧，一位农妇手提一瓦罐稀面糊糊从这里路过。文王连忙问农妇道："大嫂手提稀饭，去哪里呀？"农妇告诉文王："丈夫在田间劳动，时已过午,去给他送饭充饥解渴。"

文王又饥又渴,见了瓦罐里的稀面糊糊,肚子"咕咕"叫得更厉害了,嘴里不觉流出了馋涎。他请求农妇,让些给他充饥解渴。农妇把手里的瓦罐递给他。文王饥不择食,大口大口地吃了下去,顿时精神爽快,口中余味无穷,觉得比山珍海味还要香甜可口。

他谢了农妇,问道:"大嫂,这稀面糊糊是什么粮食做的?这么好吃。"

农妇告诉他:"春荒三月,青黄不接,只有芒麦成熟得早,用它救急,搭救性命。"文王点点头称赞芒麦的功劳最大,说它在所有的麦子中,应该占首位,以后就改名大麦。

正在田间劳动的丈夫,见日头偏西,妻子还不送饭来,就丢下手中的农活,回家吃饭。走到半路上,老远看见妻子与一个过路客人说话,随后妻子又从客人手中接过瓦罐,转身回去了。丈夫便以为妻子行为不端正,气得火冒三丈,追赶上去,抓住就打。

文王看在眼里,心里很是过意不去。想上前去辩白几句,又不知从何说起。丈夫发完脾气,到田间去了,农妇回家重新为丈夫做饭。这时,文王追上农妇,抱歉地说:"是我不该吃了你丈夫的饭食,害你遭了打骂。"

这农妇很会说话,她说:"客人莫见怪,我丈夫不是小气人,他怪我有失礼貌,没有把客人请到家里去招待,才打了我的。"

听了农妇的话,文王思忖道:"我专程四下里访问贤德人,眼前的农妇和她丈夫不就很贤德吗?"文王便解下一根玉带,递给农妇说:"大嫂今后若遇急难,就拿上这根带子到京城去找大王,他会帮你解危的。"说完扬长去了。

四、邦畿

文王回到京城，想起路途中吃的大麦面糊，很是香甜。就吩咐厨师做给他吃。他吃了几口，觉得味道又苦又涩，淡而无味，远远不及路途上那农妇做得好吃。

一连三年过去了。那位农妇的家乡遭了天灾，实在无法谋生度日，才想起吃大麦面糊的客人留下的一根玉带来。夫妻便带上它，沿途讨米要饭，去京城找大王。到了京城，文王召见了他们夫妇，安置他们住下，并当着满朝文武官员封夫妻俩为"贤德人"。

一日，文王又想起那顿大麦稀面糊糊来，传旨农妇为他做。农妇做了大麦稀面糊，端给文王。文王尝了几口，很不好吃，问农妇是什么原因。农妇告诉文王说："饥时糠也甜，饱时肉也嫌。"文王听后拍案称好，说："贤德人使我明白了一个重要道理：饱时不忘饥时苦，富贵常记贫贱寒。"

大学

周文王不仅仅只听取这夫妻俩的忠言,他还广招天下贤德人,并且重用他们。文王把这种美德一代一代地传下去,从而使周朝江山稳固昌盛。

为人君,止于仁

为人君,止于仁;为人臣,止于敬①;为人子,止于孝;为人父,止于慈②;与国人交③,止于信④。

注释

① 敬:尊重,有礼貌地对待。
② 慈:仁爱、和善、慈爱。
③ 交:与人交往、交接。
④ 信:诚实、守信,不欺骗。

解读

作为君主,就要达到仁爱;作为臣下,就要达到恭敬;作为儿子,就要达到孝顺;作为父亲,就要达到慈爱;与国民交往,就要达到诚信。

感悟

在社会的大舞台上,每个人都会扮演不同的角色,那么对于各种各样的角色,我们该以什么样的心态去面对呢?本章深入阐明了做到君仁、臣敬、子孝、父慈、友信,才算达到"止于至善"的精神境界。

四、邦畿

人一生中需要面对太多，"知其所止"，就是知道自己应该"止"于何处，找准自己的位置。不同的身份，不同的角色转换中，不同的人有不同的"所止"，关键在于寻找到自己，认识自己，确定最适合自身的条件，最能扬长避短的位置和角色——"知其所止"，这是最为重要的。

故事链接

蔺相如以大局为重

蔺相如，生卒不详，今保定市曲阳县相如村人，战国时赵国上卿，是赵国著名的政治家、外交家。

渑池之会，蔺相如为赵王争足了面子，并且让秦国签了和约。回国后，赵王认为蔺相如是难得的人才，便拜他为相国。

廉颇见蔺相如仅凭一张嘴，就被拜为相国，而自己戎马一生，战功赫赫却官位不及蔺相如，心里很不服气，决定找机会羞辱他一番。

蔺相如知道后，处处躲着廉颇，有时还称病不肯上朝。有一天，蔺相如带着门客出去，远远地看见廉颇的车迎面而来，忙将自己的车退进小巷里，让廉颇的车先过去。

蔺相如和门客回到府上后，有一位门客对蔺相如说："我是敬佩相国的才能和胆识，才在您这里做门客的。没想到相国您却如此胆小，害怕廉将军。看来我是看走眼了。"

蔺相如听后笑笑说："你说廉将军跟秦王比，谁的势力大？"

门客回答说："当然秦王的势力大。"

蔺相如接着说："天下诸侯都惧怕秦王，而我却敢当面责备他，我怎么会怕廉将军呢？秦国现在之所以不敢侵犯赵国，就是因为有廉将军和我在。如果我与廉将军不和，秦国一定会趁机来侵犯。所以我情愿忍让廉将军。"

后来，蔺相如的话传到了廉颇的耳朵里，廉颇感到无地自容。一天，蔺相如正在书房读书，有个门客急匆匆地跑来说："廉将军找上门来了。"蔺相如愣住了，不知廉颇为什么突然上门，急忙出门迎接。只见廉颇裸着上身，背上绑着荆条，见到蔺相如便双膝跪倒，说道："我心胸狭窄，请相国责罚我吧！"

蔺相如慌忙扶起他，二人的手紧紧地握在一起。

蔺相如说："咱们两个人都是赵国的大臣。将军能体谅我，我已经万分感激了，怎么还来给我赔礼呢？"

从此，二人齐心协力，共同保卫国家，秦国十几年不敢侵犯赵国。

蔺相如以大局为重，用宽广的胸怀感动了廉颇。我们在与他人相处时，也要顾全大局，不能因为个人恩怨斤斤计较，而耽误了大事。

马援严于律己

马援是东汉初期的名将，他居功不傲、谦虚谨慎，被传为佳话。有一次，马援打了胜仗，率军凯旋，将要进城时，许多老朋友前来欢迎慰劳他。在欢迎人群中，有一位素以谋略才能闻名朝野的人，名叫孟冀。

马援一见孟冀，心里感到很不是滋味，于是便对他说："您是一个富有谋略的人，我本期望能听听您的金玉良言，指点我努力的方向。您怎么反而像普通人那样说起客套话来呢？我功劳微薄，却享受三千户赋税的领地，实在是深感惭愧啊。这样功小赏大，我用什么行动来报偿呀！您该用什么谋略来帮助我呢？"

四、邦畿

孟冀摇了摇头,说:"我还没考虑到呢。"

马援见此情景,接着说:"如今匈奴、乌桓还在扰乱北方,我打算主动请求出征。困难当前,大丈夫应战死沙场,用马草裹着尸体埋葬,怎么能安然地在家里等着寿终正寝呢?"

马援以自己的行动实践了自己的诺言。当时已是六十二岁高龄的他,仍率兵征战在沙场,最后因病死于战场。孟冀赞叹他时说:"马援真是一心建功立业的男子汉啊!"马援不仅严于律己,也严于告诫自己的亲属。

马援哥哥的两个儿子,常喜欢在别人背后议论人家的过失。马援知道后很生气,立即写信告诫他们。信中说:"我希望你们听到人家的过失,能像听到你们父母的名字那样严肃地对待。议论别人的长短、搬弄是非,是最可恶的行为。我之所以这样叮嘱你们,是希望你们不要忘记我的告诫。"

后来,马援的两个侄儿果然没有辜负他的告诫,改正了自己的缺点,成了被人们称赞的好后生。

瞻彼淇澳,绿竹猗猗

《诗》云:"瞻彼淇澳①,绿竹猗猗②。有斐③君子,如切如磋,如琢如磨。瑟兮僩兮④,赫兮喧兮⑤。有斐君子,终不可谖兮!"

注释

❶瞻彼淇澳(yù):瞻,往前或往上看。彼,那。淇,指淇水,在今河南北部。澳,水边弯曲的地方。

大学

② 绿竹猗猗（yī yī）：绿竹袅娜连一片。一说绿指一种名叫王刍的植物；竹指名叫扁蓄的植物。猗猗，长而美貌。

③ 斐：斐然，指才华丰茂的样子。

④ 瑟兮僴（xiàn）兮：庄重而威武的样子。

⑤ 赫兮喧兮：显耀盛大的样子。

解读

《诗经》上说："看那淇水弯弯的地方，青青的竹子婀娜茂盛，那个文采风流的君子，像角牙般地切磋过，像玉石般地琢磨过，庄重开朗，武毅刚强。气宇轩昂，堂堂皇皇，这个文采丰茂的君子，永远都不能让人遗忘。"

感悟

随着年龄的增长，阅历的扩大，人们对修养也有了更广泛、更全面的认识。在读古人书籍，与古人对话的过程中，你就会很强烈地感到那些思想深邃、学识渊博的人多么有修养；在阅读人物传记的时候，又会感到那些宠辱不惊、淡泊宁静的人是多么有修养；在与人交往的过程中，又会感到那些平易近人、尊重别人的人是多么有修养！

他们的修养，有时就是启迪你智慧的心曲，有时是照亮你思想的明灯，有时是慰藉你灵魂的诗韵。

人总是在不断地否定自己，否定自己的过去。在这种不断的否定之中，你会逐渐明白和懂得修养的真切内涵，修养其实就是一种"心底无私天地宽"的胸怀，一种"会当击水三千里"的胆略，一种"衣带渐宽终不悔"的执着，一种"吾将上下而求索"的坚忍，一种"腹有诗书气自华"

的自信和一种"要留清白在人间"的决心。

故事链接

信陵君悔悟救国受称赞

魏无忌，即信陵君，魏国公子，与春申君黄歇、孟尝君田文、平原君赵胜并称为"战国四公子"，是战国时期魏国著名的军事家、政治家。公元前276年，被封于信陵，后世皆称其为信陵君。

信陵君窃符救赵，调动魏军迫使围攻赵都邯郸的秦兵退却，受到赵国上下的称颂。但担心兄长魏王追究窃取兵符的罪责，便在赵国长期住了下来。

信陵君礼贤下士，善识人才，广交好友，天下闻名。留赵后，他仍四处招纳贤士，交结五湖四海的朋友。当他听说赵国的处士毛公、薛公素有贤名，胸有谋略，颇有远见，便派人去召请。

但是毛公和薛公二人有意躲避，不肯前来见信陵君。信陵君托人四处查寻，听说毛公藏身于赌徒之中，便一个人秘密地到赌徒中去察访，终于结识了毛公。又打听到薛公藏身于卖酒人家，于是又独自悄悄地到卖酒人家去寻访，终于也结识了薛公。

信陵君每日与毛公和薛公二公促膝交谈，论及天下得失之事，二公侃侃而谈，识见高远，睿智启人，信陵君颇得教益，遂引为知己。

赵惠文王的兄弟平原君，得知信陵君不顾自己身份经常出入赌徒之中和卖酒人家，便对自己的夫人说："以前听说你弟弟信陵君为人出类拔萃，天下无双；今天看来，是徒有虚名，实际上是个行为荒唐的人！"

平原君夫人把丈夫的一番话转告信陵君，信陵君听后不禁一笑，说道:"看人识士,不能仅仅看出身门第。我在魏国时,就听说了毛公和薛公二公的贤名英才,十分仰慕,来赵后,便一直渴望拜识。为了实现这个心中愿望,才不顾身份出入那些地方。既然平原君耻笑我,不愿与我这行为荒唐的人为伍,我也该知趣离开这儿了!"

平原君听说信陵君要走,知道自己说错了话,便亲自登门谢罪,盛赞信陵君知人交友的美德,并再三挽留信陵君。于是,信陵君仍留赵国,名望更大了,许多贤人学士纷纷投到他的门下。

信陵君留赵达十年之久。秦国见信陵君不再归魏,便乘机发兵攻魏。魏王急忙派人赴赵请信陵君回国。信陵君恐怕魏王未必能原谅他过去的窃符之罪,所以不准备归魏。

信陵君还告诫下人:"有谁敢为魏王使者通报,立即处死!"门客大多是跟随他离开魏国而在赵国定居的,他们考虑到自己的利害,谁也不敢去劝说信陵君。

这时,毛公和薛公二公,却不避杀头之险,挺身而出,坚决要求拜见信陵君陈述自己的意见。信陵君见到毛公、薛公二公很生气,责问他们:"你们不知我的告诫吗?你们要置我于死地吗?"

毛公、薛公二公毫不畏惧,凛然正色地说:"公子知遇我等,视为知己,义重如山,做真朋友就要为朋友大处着想。我们正是为公子的前途名誉才挺身冒死来谏的。现在魏国有难而公子不愿救难,公子是魏国人,魏王是公子的兄长。倘使秦军破了大梁,灭了魏国,那时公子有何面目见天下人?"

这一番慷慨陈词,说得信陵君顿然醒悟,心中受到了深深的触动。于是动身归救魏国。魏王见了信陵君,不仅不追究盗符之事,还把上将军的印信授给信陵君。信陵君接受任命后,派使者遍告诸侯。

四、邦畿

　　诸侯各国听说魏国的信陵公子为将,觉得破秦大有希望,欣然同意遣兵协助。信陵君率齐、楚、赵、韩、燕、魏六国联军,大破秦军于黄河之南,打退秦将蒙骜,乘胜追击,直逼函谷关。

　　这样,信陵君威震天下。人称他"天下无双",称他的兵法为"魏公子兵法"。信陵君却深感毛、薛二公关键时刻的教导之情,深感诤友良师的重要。

大学

如切如磋者

"如切如磋❶者",道学也;"如琢❷如磨者",自修也;"瑟兮僩兮者",恂栗❸也;"赫兮喧兮者",威仪也;"有斐君子,终不可谖兮者",道盛德至善,民之不能忘也。

注释

❶ 磋:古代称把象牙加工成器物,引申为仔细商量。
❷ 琢:雕刻玉石,使成器物,常喻用心推敲考虑、刻意求工。
❸ 恂(xún)栗:恐惧,戒惧。

解读

"像角牙般地切磋",是指君子精研求学;"像玉石般地琢磨",是说君子实践道德,如磨光玉,磨平石;"庄重开朗",是说内心谨慎;"武毅刚强",是说仪表威严;"有斐君子,终不可谖兮者",是说君子的道德极为盛大了,已经达到了最善的境地,因此,人们终生都不会忘记他。

感悟

本节形象而深刻地比喻了在学习上应具有的深入、细致、一丝不苟的精神。我们只有在赞叹几种手工艺的精巧时,才能进一步体会到工人在加工时"切、磋、琢、磨"那一丝不苟的精神,才能进一步体会到治学只有认真地切、磋、琢、磨，才能卓见功效。切磋、琢磨需要我们不断地坚持才行。

> 故事链接

李时珍重修《本草》

  我国流传最早的药书是汉代的《神农本草经》，它总结了秦汉以前我国古人研究药物的成果，记载了三百多种药物。从那以后到明代的一千多年里，本草学有了很大的发展，但各种《本草》版本都或多或少存在着谬误之处。

  有一次，李时珍在行医中就因此遇到一件棘手的事。他被一户人家请去诊病，病人亲属说，患者得了点小病，请了一位铃医来看，服药后反而病情加重，上吐下泻，头晕目眩，奄奄待毙。李时珍将那位铃医的处方看了一遍，觉得处方对症，怎么会有如此结果呢？他觉得十分蹊跷。

  于是，李时珍叫病人亲属将药罐取来，倒出药渣，一味药一味药地仔细查看，发现是药铺将一味有毒的药物虎掌当作漏篮子卖给了病人亲属。

  病人亲属大怒，立即请李时珍一起到药铺兴师问罪。谁知道药铺老板拿出一部《本草》，振振有词地数落李时珍说："你看，《本草》上写得清清楚楚，虎掌就是漏篮子，你连《本草》都未仔细研究过，还配拿郎中架子来教训我？"

  李时珍接过那本《本草》一看，书上果然明明白白写着虎掌就是漏篮子。李时珍只得告诉药铺老板，说《本草》的版本很多，有的版本也难免有错误。但是药铺老板就是不肯承认。

  李时珍想：《本草》的混乱造成药物的混乱，即使医生的药方开得再好，药抓错了，也会弄巧成拙，甚至成为杀人帮凶。于是，他想重修《本草》，并把自己的想法告诉了父亲李言闻。

李言闻听了儿子的话，思考良久，方说："修《本草》这个动议很好，但是工程太浩大了。重新编一部新《本草》，不仅要把历代《本草》和诸子百家的书籍研究透彻，还要把全国出产的药物一一重新考察清楚，需要花很大的力气。历代《本草》的修订，大多是朝廷出面组织的，历史上还从来没有个人修成《本草》的。"

李时珍听了父亲的话，更清楚了修《本草》的艰辛和意义，更加坚定了自己重修《本草》的决心。

此后，李时珍效法神农尝百草，经历二十七个春秋，大半生的努力，集八百多部药典，采用纲目体系，收录两千种药物，三易其稿始成《本草纲目》。

君子贤其贤而亲其亲

《诗》云："于戏❶！前王❷不忘。"君子贤其贤而亲其亲，小人乐其乐而利其利，此以❸没世❹不忘也。

注释

❶ 于戏：叹词，同呜呼，啊，唉。
❷ 前王：指周文王、周武王。
❸ 此以：因此。

❹ 没世：终生、一辈子。

解读

《诗经》上讲："啊！前代的君王，不能让人遗忘。"后贤后王都效法他，像他那样敬重贤者，亲爱亲人，让后世的民众都能享受他们的欢乐，获得他们的利益。所以，前王虽然已经过世了，但是人们始终都不会忘记他的功德。

感悟

那些能够永远留在我们心里的，除了德行，还能是什么呢？

作为一个人，总想在有生之年做些什么，以给后人留下些什么，从而实现自己的人生价值。于是，有的人把名字刻在石头上，想不朽；有的人，情愿做野草，等着地下的火烧。

无论是谁，无论你在人生历程中做了什么，说了什么，对社会的发展产生了什么影响，历史自有公论。为政者，只有顺应历史，本着对历史负责、对子孙万代负责的态度，替老百姓办好事、办实事，那么自然会在人民的心里传承永远。

故事链接

司马光美德万古传颂

司马光是北宋时期杰出的政治家、思想家，同时又是古代伟大的历史学家。他严于克己、节俭自律的风范，同样体现出儒家"克己奉公"思想的精髓。

司马光性情淡泊，不喜奢华。他住在洛阳西北数十里处的一个陋巷中，只有几间避风雨的茅檐草舍。一到三九寒天，北风呼啸，茅檐多被风卷去，室内冷气袭人，盛夏时又酷热难熬。

司马光为官正派，一生忧国忧民，他看到百姓卖儿卖女，无以为生，宗亲贵臣之家却花天酒地，挥霍无度，十分憎恶。他认为，"府库之财，民之膏血"，必须节用开支，以舒民力。

司马光为人心地善良，经常用俸禄周济穷困的亲戚朋友。司马光曾经遇到有一个叫庞籍的人，他死后遗下孤儿寡母，生活无着落，非常可怜。司马光便将孤儿寡母接到家中，待他们如同自己的父母兄弟，使周围的人深受感动。

司马光以其高尚道德赢得了崇高的威信，被誉为"真宰相"。田夫野老，妇人孺子，都知道有个司马相公。

司马光晚年，年老体弱，他的好友刘贤良要用五十万钱买个女婢供他使唤，司马光当即复信谢绝，说："吾几十年来，食不敢常有肉，衣不敢有纯帛，多穿麻葛粗布，何敢以五十万市一婢乎？"

1086年10月，在山西闻喜县南旧夏县涑水乡竖起了一通高大的墓碑，上面刻着"忠清粹德"四个大字。墓碑后面，静静长眠的就是当朝宰相、大史学家司马光。

司马光以"日力不足，继之以夜"的自律意识，克己做人，克己教子，克己治学，克己奉公。他的人格堪称儒学教化下的典范，他的美德被人们万古传颂。

五、听讼

听讼，吾犹人也

子曰："听讼①，吾犹人②也，必也使无讼③乎！"

注释

① 听讼：即审案子。听，判断、处理。
② 犹人：与别人一样。
③ 讼：在法庭上争辩是非曲直，打官司。

解读

孔子说道："在审理案件时，我和别人是一样的，要端正自己的态度，要尽量把案件断得公平公正，一定要使诉讼之类的事情绝迹了才好。"

感悟

何谓"大畏民志"？"畏"者，敬畏，顺服；"民志"即民心。俗话说，"得民心者得天下"。人民是历史的创造者。为政者，只有顺应历史发展潮流，始终代表最广大人民的根本利益，以人为本，亲民、爱民、造福于民，国家才能长治久安，社会才能安定和谐，人民才能团结和睦。

大学

故事链接

李离自尽赎过

李离是春秋时晋文公手下的一个狱官。他执法严明、公正无私。

有一次,他的下属向他呈报了一个杀人案件。他仔细地听了下属的案情报告。报告说人证物证俱在,案情十分清楚。还说,那犯人虽开始拒不承认,但经过后来的几次审问,他终于承认说死者是他所杀。

李离觉得此案并无什么漏洞,便没有亲自提审犯人,他大笔一挥,将犯人判了死刑。那犯人依法被处斩。

不久,官府意外地查出了此案真正的杀人凶手。原来那杀人真凶杀人后采取了嫁祸于人的伎俩,蒙骗了办案的人。

李离得知此事后,追悔莫及。于是,他毅然自枷上朝,怀着十分内疚

的心情，来到晋文公面前，"扑通"跪下，自首道："臣冤杀无辜，罪该万死，愿以七尺之躯，偿死者之命。"

晋文公面对这个执法无私的大臣，深感是个难得的人才，不忍心将他处死。便劝说道："人死了不能复生，那人既已处斩了，何必还要搭上一条命呢？"又说："造成冤案的责任主要在你的下属，要罚就罚他们。"

说着，晋文公亲自走上前去，给李离打开了刑枷。李离仍旧跪着，不肯起来，他说："国家的法律规定：法官错判刑的，应当服刑；错杀人命的，应当抵命。倘若国君不治臣的死罪，那么，将来草菅人命的事情还会发生呀！再说，我的职务比下属高，俸禄比下属多，职位不让给人家，俸禄不分给人家，如今我轻信诬告，错杀了人，哪能把责任推给人家呢？"

"照你说来，你的下属办了错事，你认为自己有罪，而你是我的臣子，那么，我也有罪呀！"晋文公继续劝慰他说。

李离回道："国君委我以重任，而我却没有尽到自己的责任，有负国君厚望。如今错杀了人，就应当依法处治。臣以为不论官阶高低，治罪应当一视同仁，王子犯法，与民同罪。现在我既犯下死罪，怎么可以不受处治呢？"李离见晋文公仍摇头不准，便霍地站起身来，拔出佩剑，自刎而死。晋文公见此情景悲痛不已。事后，下令厚葬了李离，并将此事通告了全国，号召大家向他学习。

无情者不得尽其辞

无情者不得①尽其辞。大畏民志②。此谓知本。

大 学

注释

① 不得：用在动词后面，表示不可以或不能够。
② 民志：民心，人心。引申为人民的舆论。

解读

在审理案件时，要使刁诈不实的一方不敢尽情地编造谎言，从而不让受冤的一方感到冤枉，要用这样的心态去断案，要使民心畏服，这就叫作知道根本。

感悟

这一段以孔子谈诉讼的话来阐发"物有本末，事有终始"的道理，强调凡事都要抓住根本。审案的根本目的是使案子不再发生，正如"但愿世间人无病，何愁架上药生尘"的道理一样。审案和卖药都只是手段，或者说是"末"，使人心理畏服不再犯案和增强体质不再生病才是目的，才是"本"。说到底，是一个教化与治理的问题，教化是本，治理是末。正是由此出发，我们才能够理解《大学》强调以修身为本，齐家、治国、平天下都只是末的道理。

故事链接

张释之执法无贵贱

张释之，字季，西汉南阳郡堵阳人，西汉时期著名的法学家，严格以法处刑，以公正执法名扬天下。张释之生于富豪之家，经中郎将袁盎推荐，得到汉文帝赏识，不久被提拔为公车令，掌殿司马门。

太子和梁王坐车入朝，根据礼仪规定，王公大臣，到了皇宫外的司马门时都必须下车，但是太子和梁王乘车驰驱而过，没有下车。张释之立即阻拦，不让他们进宫，并弹劾"不下公门，有不敬之罪"。

汉文帝碍于亲情，没有理睬。但是，文帝的母亲薄太后听到这件事后，对文帝的行为很生气，文帝这才意识到自己的不对，向母亲道歉。文帝由此觉得张释之与众不同，对他十分器重，认为他很有胆识，又能坚持原则。不久即任命张释之为中大夫，很快又拜为中郎将。

由于张释之处事公正，汉文帝任命他当廷尉，掌管天下司法。一次，文帝外出，经过渭桥时，有一个人突然从桥下跑了出来，惊吓了拉车的马。卫队把这个人捕获，文帝下令交给廷尉审讯。

张释之讯问时，这个人说："我是一个乡下人，从这里经过，听说皇上车驾到来，立即到桥下躲避。过了很长时间，以为皇上已经过去，出来时，看到皇上的车驾正在到来，于是赶紧躲避，不料惊吓到了皇上的舆马。"

于是，张释之做出判决：皇上经过，这个人没有回避，冲撞车驾，处以罚金。然后，放其回家。文帝听了处理的结果后恼火地说："这个人惊驾，应予重治。"

张释之说："法律，不属皇上私有，而是与天下百姓公共的东西，依照法律就应该这样量刑，如果处理得过重，天下人就不会再相信朝廷法律。现在既然交给廷尉处理，那么廷尉是天下最讲公平的，他对天下人使用一个法律标准。如果轻重可以随意，那么百姓将根据什么行事呢？何所措其手足呢？恳望皇上考虑。"停了很久，文帝说："廷尉，你是对的，应该这样处理。"

先要惩办谁

在清朝的时候,有一位直隶总督,名叫赵大鲸。他文章写得很好,为人又讲信义,很有威望。但他的性情比较急躁,不拘小节。

譬如送客的时候,赵大鲸常常走在客人的前面,接待客人时,还没说上几句,就问人家:"还有别的话吗?快对我说。不然的话,我事多很忙,你就走吧!"

有一次,一直跟随赵大鲸的下属永贵,被任命为浙江巡抚。永贵临行前,到赵大鲸家中辞别。赵大鲸问他:"你上任后,要先抓哪件事呢?"

永贵回答说:"我准备首先检举惩办贪官。"

赵大鲸听后,对他说:"那些把贪得赃物全部据为己有的,你不必急着惩办他们。"

永贵对赵大鲸的这个忠告很不理解,问道:"这是为什么呢?"

赵大鲸不紧不慢地告诉他说:"赃物归自己所有,而不行贿给总督和其他上司的,总督和其他上司早就揭发惩办他们了,不会等到现在由你去惩办。如今有一批善于巧取的官吏,他们往往把贪污的东西,一半送给上司,一半留给自己,有的甚至全部奉送给上司,以达到自己升官的目的。这些暗劫民财、换取自己官位的人,危害更大。你注意过有些捉强盗的人吗?那些腰缠万贯的大盗,因为和这些人有来往,共享赃物,所以总能逍遥法外。而被关押在监狱中的,往往是一些窃鸡盗狗的小偷小摸之徒。对这两种强盗,你究竟准备先惩办谁呢?"

永贵听到这里,顿时恍然大悟。他恭敬地对赵大鲸拜了拜说:"没有先生的教导,我不可能想到这些,我会按照您的指教去做的。"

六、知本

此谓知本

此谓知本❶。此谓知❷之至❸也。

注释

❶ 此谓知本：这一句与上文重复，疑是衍文。程子曰："衍文也。"
❷ 知：认识，认知。
❸ 至：最高境界。

解读

这就叫作认识根本的道理。这就叫作认识得彻底，也就是说作为一个具有德才的人，已经进入了"知"的最高境界，在认知上达到了更高层次。

感悟

常言说："人贵有自知之明。"自知之明就是自己对自己人生存在价值的一个客观定位。为什么贵？是因为旁观者清，当局者迷，大多数人是很难把握自己的，也就是很难客观地评判自己。所以才会有"人贵有自知

大 学

之明"的说法。

　　这就是知道了根本。这个本是什么？"自天子以至于庶人，壹是皆以修身为本。"修身就如种子，而齐家、治国、平天下就如果实，这里所蕴含的就是因果关系。

故事链接

刘邦贵有自知之明

　　秦朝末年，天下大乱，各个地方都有人起兵造反，正所谓秦失其鹿，天下共逐之。而在这些群雄当中，刘邦并没有明显的优势，尤其和项羽相比。项羽是楚国的贵族，刘邦只是一介布衣。论武功，项羽力拔山河气盖

世，刘邦势单力薄。项羽又承叔叔的基业，拥有各方面人士的支持，这些都是刘邦无法相比的。可是结局实在出人意料，项羽这个天下无敌的西楚霸王竟然败了。

然而刘邦的成功不是偶然的，他身上有许多的过人之处，最可贵的是刘邦有自知之明。刘邦夺得天下后宴请部下，酒至酣处，他问道："你们说实话，我为什么能打败项羽呢？"

王陵站起来说："项羽慢而侮人，陛下仁而爱人。然陛下使人攻城略地，所降下者因以予之与天下同利也。项羽妒贤嫉能，有功者害之，贤者疑之，战胜而不予人功，得地而不予人利，此所以失天下也。"

刘邦笑答道："你这是只知其一，不知其二啊。运筹于帷幄之中决胜于千里之外，我不如张良；镇国家，抚百姓，供应军需，不绝粮道，我不如萧何；百万之军，战必胜，攻必取，我不如韩信。这三个人是人杰呀，我能用他们就是我所以能胜利的原因。项羽有范增而不能用，这就是他为什么失败的关键。"

知道自己哪里不如人家，这就是刘邦难得的自知之明；项羽因为没有自知之明，而只落得自刎乌江，至死还在说是"天亡我也"。

魏惠王纳谏改过

魏惠王，姬姓，魏氏，名罃（yīng），又称梁惠王。他是魏武侯之子，魏文侯之孙，公元前369年即位，在位五十年。

在战国时，魏国曾威风一时，齐、秦、赵、韩等都不敢小看它。但是，当传位到惠王时，连连打败仗，惠王宠信的上将军庞涓也在战斗中被齐国的孙膑采用伏击战，把他射死。魏国国势日渐衰弱，一片片国土被人家夺去。这时，惠王才想，怎样才能重振国威，振兴魏国呢？

魏惠王请来大臣们商议，让大家想办法。一位大臣站出来说："依我看，要使魏国强盛起来，不受人家的欺侮，首先是大王要识人才，任用良才。"

"我任用了你们这批大臣，这不是任用贤才吗？"惠王心里不解，反问说。

这位大臣接着说："当初商鞅在我们魏国做官，大家劝您重用他，可您就是不听，结果商鞅被秦国请去了。在秦国，商鞅受到重用，推行变法，结果秦国强大了起来。再说孙膑，他本是个军事奇才，大王您又听信了庞涓的谗言，把他的脚给打断了一只，到头来孙膑去了齐国。后来他坐在战车上，指挥齐国大军来攻打我们。这是多么大的教训啊！"

惠王听了这一番话，十分羞愧地说："我知道这都是我的过错。魏国今日落到这种地步，都是由于我贤愚不分所造成的！从今以后，我要痛改前非，礼贤下士，广纳天下人才。请各位多多举荐。"

惠王知过改过的消息传开后，许多贤士都来投奔魏国。像邹衍、孟轲等到魏国后都对惠王提了不少治国安邦的建议。

又有一次，惠王听大臣们议论说齐国的淳于髡知识渊博，很有才干。惠王提出希望把他请来。大臣们想了许多办法，终于把淳于髡请了来。

惠王见把淳于髡请了来，心里非常高兴，亲自设宴招待他。可在席间，淳于髡只顾低头吃菜，不时侧耳听听惠王和大臣们谈话，自己却显得若无其事，什么话也不说。惠王有意挑起话题问他时，他也只是支支吾吾应付一下。

惠王对此非常生气，宴后召集群臣训斥了一顿："你们说淳于髡有才能，我看他像个木头人！"

有位大臣急忙说:"大王不可凭最初印象取人,可别忘记过去对商鞅、孙膑的态度啊!"

"对!对!寡人险些又犯老毛病了。晚上,你们去探听一下,究竟淳于髡对我有什么不满意的地方,回来告诉我。"

第二天,去找淳于髡闲谈的人回来报告说:"他过去求见过您两次,您都不理睬他。这次他不知道您是否真有诚意,所以才有这种态度。"

惠王想了好半天,说:"没有呀!我没有接见过他呀!"

旁边一位大臣提醒说:"投奔大王的人很多,也许大王忘记了呢。"

惠王于是召来记事官,请他查一查。果然,淳于髡曾两次来见过惠王。那时惠王因忙于接受别人的礼品,没有去理睬当时名气很小的淳于髡。惠王把淳于髡请来,一拱手谦恭地说:"寡人曾两次失敬于先生,这是寡人的过错。那两次正是寡人接受别人献马、献乐工,说明寡人那时是重声色享乐,轻安邦治国。现在想起来,真是惭愧,请先生能予原谅!"

淳于髡看惠王勇于改过,态度也十分诚恳,于是与惠王倾心地交谈了起来。认识到自己的过错,用心去改正,这样的人才能聚集更多的人才。

费宏访友谢罪

明朝时,在都城北京,一次皇帝对各地来京的读书人进行考试。没想到,考上第一名中了"状元"的,竟是一个不满二十岁的年轻人,他的名字叫费宏。

看到把自己的名字列在最先头的"金榜",并且还在长安街上挂了三天,费宏的心里高兴极了。他很快就骄傲自大起来,觉得自己比别人高一头,不把别人放在眼里。

大 学

有一天，一位旧时的朋友来找他聊天，因为对某个问题的看法不一致，两个人争论起来，互不相让。费宏认为这是伤了自己这个"状元"的面子，一时火冒三丈，就打了那个朋友一个嘴巴，朋友捂着脸，气愤地走了。从此，一对好朋友就互不来往了。

不久，费宏的父亲听说了这件事，十分生气。他连夜写了一封长信，严厉地教育儿子："你年纪轻轻，却如此不敬重朋友，实在太不像话。你应该赶快到那位朋友家去赔礼，不然的话，你就会犯更大的错误！"随着这封信，还寄去了一根竹板子，要求儿子拿着竹板子去向朋友请罪。

读完父亲的信，费宏感到很羞愧。他立刻遵照父亲的要求，直奔那位朋友家。可此时朋友还没有消气，不愿见他。他一连去了三次，都被对方找借口拒绝了。费宏更加不安，他第四次去，就求别人先把父亲的信和竹板子送给那个朋友，请他过目。

忽然，那位朋友流着眼泪跑出来迎接费宏。费宏见他这么伤心，以为他还在记恨前些天的那件事呢，就连忙道歉说："我太对不起你了，请你别再生气吧！"

那位朋友连连摇头，说："不，我不是生你的气，看了别人送进去的信和竹板子，我太感动了！你有多好的父亲啊！你有了过错，他这样认真地教育你，可是我的父亲早就去世了，我有了什么毛病，就听不到他的管教了，我是为这个才哭的呀！"

费宏说："咱们朋友之间，也要互相指出过错，互相帮助改正毛病啊！"从此以后，他俩共同严格要求，友谊更加深厚了。费宏后来成了一个很有作为的政治家。

七、诚意

所谓诚其意者

所谓诚其意[1]者,毋自欺也。如恶恶臭[2],如好好色,此之谓自谦[3]。故君子必慎其独[4]也!

注释

[1] 诚其意:使意念真诚。
[2] 恶恶臭:厌恶腐臭的气味。
[3] 谦:通"慊",心安理得的样子。
[4] 慎其独:在独自一人时也谨慎不苟。

解读

所谓使自己的意念诚实,就是说不要自己欺骗自己。就如同厌恶污秽的气味那样厌恶邪恶,就如同喜爱美丽的女子那样喜爱善良。只有这样,才能说自己意念诚实,心安理得。所以,道德修养高尚的人必须在独处的时候,谨慎约束自己的行为。

感悟

"慎独"是品德修养的重要境界。独自静处,其所作所为、所思所想，体现的是一个人道德水准的高低。每个人都有独处的时候，这时往往由于寂寞，思想便活跃起来，总要想些什么，做些什么，此时流露出的是人性真实的一面。

因此，本章谆谆告诫："君子必慎其独也！"在享受寂寞时光的同时，思考一些平素来不及体味的人生道理，或者做一些有益身心的事情。

故事链接

自律的乐羊子妻

乐羊子妻是汉代洛阳有名的贤惠女子，她诚实善良、知书达理。虽然家境贫寒，但是她善于自律，同时，她也希望自己的丈夫做个谦谦君子，更希望他能够有所建树。

有一次，乐羊子在路上捡到了一大块金子，他高高兴兴地拿回家，把金子交给了妻子。妻子问道："这金子是哪里来的？"

乐羊子说："是在路上捡的。"

妻子说："这是别人的东西，我们不能要。"

乐羊子辩解道："反正也找不到主人了，留下也没关系。"

妻子严肃地说："别人的东西就是别人的，即使是人家不小心丢掉，被你捡来了，也不能就把它当作自己的东西。"

为了让丈夫明白其中的道理，妻子这样说道："我听说，有志气的人连叫'盗泉'的水都不喝，诚实廉洁的人不接受他人傲慢侮辱地施舍的食物。依我看，对于这捡来的东西更不应该要。如果你为了贪图小利，把这块金子留下了，就是不诚实的表现。你得到了这块金子，却丢失了诚实守节、廉洁自律的高尚品行。"

乐羊子听了妻子的话,觉得非常惭愧,就把金子扔到野地里去了。

杨震不受"四知财"

杨震,字伯起,弘农华阴人,东汉时期名臣,隐士杨宝之子。他通晓经籍、博览群书,有"关西孔子杨伯起"之称。杨震不应州郡礼命数十年,至五十岁时,才开始步入仕途。他为官正直,不屈权贵。

杨震在赴任东莱太守的途中,路过昌邑县,他过去举荐的秀才王密当时正任昌邑县令。当王密知道自己的恩人路过此地时,就趁着夜色,带了十斤黄金,要呈给杨震。杨震拒不接受,并且叹了一口气说:"唉,我了

解你，知道你有德学，把你举荐出来，可惜你却不了解我。"

王密还以为杨震是怕这件事被人知道才不愿意接受的，所以他就说："这件事没有人知道，您就放心地接受吧。"

结果杨震回答说："这件事有天知、有神知、有你知、有我知，这是'四知财'，怎么说没有人知道呢？"他拒不接受这"四知财"。

因为他一生为官清廉，从来不徇私舞弊，所以家境非常的贫寒。到年老的时候有人劝他，说你不为自己打算也就罢了，难道不为自己的子孙后代着想，给他们留一点财富吗？结果杨震怎么回答的？杨震说：我留给我的子孙后代最好的财富，那就是他们是一个"廉洁官员的后代"。

果不其然，杨震过世之后，他的儿子、孙子、曾孙辈都受他廉洁作风的影响，为官都很清廉，出了很多的人才，历史上记载他们"四世三公"，就是他们杨家四世都有人做到三公的位置。"三公"就是皇帝的老师。他的后代子孙为了纪念祖先这种廉洁的作风，把他的一个房屋取名为"四知堂"，以此来提醒后代子孙，他们的祖先不收"四知财"。所以凡是杨家的子孙走过这个匾额的时候，都能够受到提醒，时刻警醒自己，不要因为自己的言行给祖先抹黑。

小人闲居为不善

小人闲居❶为不善，无所不至❷，见君子而后厌然❸，掩❹其不善，而著❺其善。

七、诚意

注释

① 闲居：即独处。
② 无所不至：没有什么事做不出来。指什么坏事都干得出来。
③ 厌然：躲躲闪闪的样子。
④ 掩：遮掩，掩盖。
⑤ 著：显示、彰明。

解读

小人闲居独处时，什么坏事都做得出来。一见君子，他就觉得自己的行为不好，遮遮掩掩，企图把不好的方面掩藏起来，而将好的方面显露出来。

感悟

《礼记·中庸》说："道也者，不可须臾离也，可离非道也。是故君子戒慎乎其所不睹，恐惧乎其所不闻。莫见乎隐，莫显乎微，故君子慎其独也。"意思是说，君子在任何时候都不能和道德分离，否则就不是真正有道德的人。

君子要时刻检点自己的行为，警惕有什么不妥帖的言行而自己没有意识到，畏惧别人对自己有什么意见而自己没有听到。没有不可以从隐蔽的地方看出一个人的，没有不可以从微小的事情上显露出一个人的，所以，君子在独处、无人注意的时候，也处处小心谨慎，严格要求自己，不做违背道德的事。

大 学

故事链接

甄彬归还黄金

　　甄彬，南朝梁国人，籍贯中山。甄彬心地纯洁，从来都不会去占人家的便宜。这年春荒，家里连柴米油盐都买不起，还剩下一捆头年秋天收获的苎麻，本来打算织成夏布做暑天衣服，为了糊口，只好拿到当铺里去抵押，当了钱，好买米下锅。

　　秋收后，甄彬凑足了钱，到当铺赎回了那捆苎麻。回家打开麻捆，发现麻捆里夹带了一个手巾包，手巾包里竟是黄澄澄的金子，足足有五两重。甄彬对妻子和孩子说："不该我们本分应得的东西，别说是五两黄金，就是十两，我们也不能要。依我看，这些东西还是还给人家好。"全家人听后都表示赞同。

　　长沙寺道人见甄彬来送还金子，才想起那是不久前有人用这包金子做抵押来换钱，当时没来得及安放，顺手塞进麻捆里了，事后就忘了。若不是甄彬把金子送回，他竟不知金子怎样丢掉的。

　　长沙寺道人见金子失而复得，非常感谢，决意把一半金子分给甄彬，可甄彬说啥也不肯接受。就这样，那道人往返十余次都被谢绝了。甄彬对道人说："你看我这么热的天还穿着老羊皮，每天上山打柴，我如果是一个见利忘义的，就不会像现在这样子了。"

　　梁武帝还是平民百姓的时候就听说了这件事，因此，当他任益州刺史时便任用甄彬做自己的秘书官。当时，人们都赞扬甄彬是一个最可信任的人。

晏殊诚实无欺

晏殊，字同叔，抚州临川人，北宋著名文学家、政治家。

晏殊素以诚实著称。十四岁那年，有人把他作为神童举荐给皇帝。

皇帝召见了晏殊，要他与一千多名进士同时参加考试。结果晏殊发现试题是自己十天前刚练习过的，就如实向宋真宗报告，并请求改换其他题目。

宋真宗非常赞赏晏殊的诚实品质，便赐给他"同进士出身"。晏殊入仕时，正值天下太平，京城的大小官员经常到郊外游玩或在城内的酒楼茶馆举行各种宴会。

晏殊家贫，无钱出去吃喝玩乐，只好在家里和兄弟们读写文章。不久，宋真宗提升晏殊为辅佐太子读书的东宫官。大臣们惊讶异常，不明白真宗为何做出这样的决定。

宋真宗说："近来群臣经常游玩饮宴，只有晏殊闭门读书，如此自重谨慎，正是东宫官合适的人选。"

晏殊谢恩后说："我其实也是个喜欢游玩饮宴的人，只是家贫而已。若我有钱，也早就参与宴游了。"这两件事，使晏殊在群臣面前树立起了信誉，而宋真宗也更加信任他了。

晏殊并没有因为自己地位低下、家境贫困而改变自己做人的准则，最终赢得了众人的赞扬。人无论在任何情况下，都应该保持高尚的情操，坚定的志向，特别是在逆境中，更应该如此。

大 学

人之视己

人之视己,如①见其肺肝然,则何益②矣。此谓诚于中③,形于外④,故君子必慎其独也。

注释

① 如:像,相似,同什么一样。
② 益:好处,有好处。
③ 中:指内心。
④ 外:指外表。

解读

殊不知,别人看你自己,就像能看到你的心肺肝脏一样清楚,掩盖有什么用呢?这就叫心有诚意,自然会流露出来,所以,君子在独处时应该谨守道德才是。

感悟

历史上有很多生动的例证。东汉时,有"关西孔子"之称的杨震,以其"性公廉,不受私谒"著称,留下了"清廉诚四知"的典故。明代曹鼎在山东任泰和典史时,曾押解一名绝色女贼,因来不及赶回县衙,共宿荒山野庙。入夜后,女贼频频以美色引诱曹鼎。曹鼎情急之下,用纸写下

"曹鼎不可"贴在墙上，不为所动。

其实，不论是否有人注视，只要做了，就会有人知道，无论是有心还是无意，也无论做出的是善举还是恶行，都是遮盖不住的。所以，要时时处处用道德规范来约束自己的言行。

故事链接

石勒不记布衣之仇

石勒，字世龙，初名匐，小字匐勒，羯族，上党武乡人。他是十六国时期后赵建立者，史称后赵明帝，也是中国历史上的唯一一个奴隶皇帝。

当初，石勒家里很穷，替人耕田。武乡一带兴种麻织布，收获后，麻秆要放在沤麻池里沤。沤过的麻秆，容易剥离，且又十分柔软。

邻居李阳与石勒同使一个麻池，二人都很年轻，常常为了沤麻的事发生口角，以至殴打。每次都是鼻青眼肿，遍身泥水。乡亲们对他们也无可奈何。

后来，石勒被抓了壮丁，从此杳无音信。石勒走后，李阳常常去照顾他年老的父母，抢累活脏活干，可以说无微不至。

有一天，有人来告诉李阳，说："石勒已经当上赵国国王，都在襄国建都了，还要请当年的父老乡亲到襄国去叙旧呢！"后来又说："石勒已经派人来了！"

李阳听了，吃惊非小。想起当年的事，惴惴不安。心想：这回可完了，赶快逃跑吧！又一想：跑到哪也逃不出国王的手掌心啊！不如看看风声再说。就跟随着乡亲们去襄国了。

到了襄国，李阳徘徊在赵王宫殿前，不敢进去。乡亲们也为他捏了一把汗，只好先进去了。石勒见了乡亲，嘘寒问暖，十分亲热。

当问到李阳时，乡亲们吞吞吐吐地说："他有心事，不敢进殿！"

石勒听了，哈哈大笑，道："李阳是个好人，理应请到。至于当年，属于孩儿们之间的区区小事，早已化为乌有了。你们想，一国之君怎能如此心地狭窄，容不得人？连李阳都能不计前嫌，精心照顾我年老的父母，难道我连他都不如吗？"

石勒连忙召见李阳，设宴款待，同他欢饮。拉着他的手说："我从前挨够了你的硬拳头，你也尝够了我的毒巴掌，今天也该和好了！"说完哈哈大笑，李阳也会心地笑了。后来，石勒留下李阳，任他为参军都尉。

李阳、石勒都能不计前嫌，宽厚待人。然天子不记布衣之仇者，能有几人哪！

七、诚意

十目所视，十手所指

曾子曰："十目所❶视，十手所指❷，其严❸乎！"

> 注释

❶ 所：用在动词前，代表接受动作的事物。
❷ 指：指责。
❸ 严：厉害的。

> 解读

曾子说道："许多双眼睛看着，许多只手指着，这是多么严厉的监督啊！"

> 感悟

要做到真诚，最重要、最考验人的一课便是"慎其独"。在一个人独处的时候也要谨慎，简而言之，就是人前人后一个样。人前真诚，人后也真诚，一切都发自肺腑，发自内心，发自自我全部的感官，就像手脚长在自己身上一样自然自如，一样真实无欺，而不是谁外加于我的影响，外加于我的清规戒律。这是从正面来说。

从反面来说，"若要人不知，除非己莫为"。自欺欺人，掩耳盗铃，总有东窗事发的一天。

大学

> 故事链接

李沆不奏密报

　　李沆,字太初,洺州肥乡人,北宋时期名相、诗人。太平兴国五年,李沆登进士第,任将作监丞,后通判潭州,召直史馆。累迁至礼部侍郎兼太子宾客,辅导太子赵恒。至道三年,真宗即位,拜户部侍郎、参知政事。

　　李沆在当时是很受宋真宗信任的一位大臣,常常有机会单独和皇帝讨论国家大事,但是他从来没有向皇帝秘密奏报过其他人的隐私。他在皇帝面前怎么说,在朝廷上照样也怎么说,从没做过当面一套背后一套的事情。

　　有一回,李沆和另一位大臣发生了意见分歧,起因是对一位官员的处罚问题。这个官员在宋朝与西夏国的战争中,未能将粮草及时运到军中,按军令该斩。

　　李沆听说后,对事情做了一番调查,认为应该免这人的死罪。他在朝廷上据理力争,指出此人失职的真正原因是有人故意延误发粮时间,嫁祸于他。就算他有一定的责任,也不该判死罪,何况此人很有才干,而且一向勤勉谨慎,功大于过,杀了他,是国家的一大损失。

　　另一位大臣却认为:无论责任大小,都应该斩首,这样才能严明法纪,警示他人。李沆和这位大臣各抒己见,争得面红耳赤,谁也没能说服谁,只好把此事送交刑部再去研究。

　　同李沆争论的这位大臣平时就对李沆不满。经过这次争论之后,他更是怀恨在心,认为李沆是故意和自己过不去。为了报复,他派人四处散布

七、诚意

说：李沆和犯罪的官员有私人交情，所以徇私枉法，包庇坏人。他还暗地里向宋真宗告了一状，说李沆不仅目无朝廷法纪，而且一向独断专行，连皇上的话也不怎么听。

与此同时，李沆却正忙于其他公务，早把争论的不愉快忘记了。所以，尽管朝中议论纷纷，他却根本不知道。后来，有人提醒他防备暗算。他听后笑了笑说："我诚实办事，诚实对人。既然同心无愧，怕什么暗算！"

再说宋真宗，他对李沆的人品还是比较了解和信任的。听了那位大臣的密报之后，他半信半疑，很想听听李沆这一方面的意见。这天下朝之后，他吩咐太监把李沆叫到偏殿。

等李沆来到以后，宋真宗身着便装，神态安闲地叫李沆坐下，还叫太监上茶。李沆知道皇上又要单独和他谈论政事，心情也轻松下来。

果然，宋真宗先同他谈起近来边防上的战事，又说起南方遭水灾等紧要问题。说着说着，宋真宗话锋一转，突然问起对那个官员的处罚来。

李沆没有准备，愣了一下，说道："此事臣已经有详细的奏报送上来。陛下还没有看过吗？"

真宗不动声色地说："朕只是想亲自听听你的陈述。"

李沆就把自己的意见讲了一遍，然后又强调了这人的才干，说眼下正是国家用人之际，应该给他一个将功补过的机会。

李沆陈述完，见宋真宗似乎还想听下去，便问道："陛下还有什么想了解的吗？"

这一问倒把宋真宗问得愣了一下，他说："你的意见都讲完了吗？是否还有什么不便说的，尽管说吧。"

李沆答道:"臣的想法都说了,此事就请陛下裁断吧。"

宋真宗沉吟了一下,说道:"你看某某这人怎么样?"真宗指的就是那个告李沆状的大臣。

李沆认真地答道:"此公有宰相之才,唯有一点缺憾,就是气量狭窄。但还算是一位称职的大臣。"

真宗点点头说:"好吧,你先回去,那件事待朕再斟酌一下。"

李沆刚起身要走,宋真宗忽然又问了一句:"其他大臣都曾向朕密奏过事情,你为何从没有过密奏呢?"

李沆转身跪下答道:"臣以为,我辈身为朝廷大臣,所做的都是朝廷上的公事。既然是公事,为何不能公开在朝堂上讲,而要密奏呢?凡是需要密奏的事情,我看除了为国家除掉谋反的奸臣之外,大都有不可告人的动机。臣一向反对这样的行为,怎么敢学着去做呢?"

真宗听后没说什么,挥挥手让李沆退下。

李沆走后,宋真宗站在那里,沉思了一会儿。他想:"像李沆这样一个光明正大、诚实正派的人,是决不会徇私枉法的。看来,我对那些打秘密报告的人倒是要警惕一下呢。"

从此,宋真宗更加信任和依靠李沆了。

诚实守信是面明镜,不诚实的人在他面前,都会露出真相。

富润屋

富润屋❶,德润身❷,心广体胖❸,故君子必诚其意。

七、诚意

注释

❶ 润屋：装饰房屋。润，滋润，引申为修饰、装饰。
❷ 润身：修养自身。
❸ 心宽体胖：心胸宽广，身体舒泰安康。

解读

有钱人，会把房间装饰得很华丽，给人一种富丽堂皇的感觉；有道德的人，就会心广体胖，并且气宇不凡，所以君子务必要诚实地对待其意念。

感悟

本节用比喻手法，说明了诚意的必要性。作为君子，一定要有诚意，在意念将发未发的瞬间要告诫自己，使意念真实无妄。由于意念是非，必然表现在各种言行上，而意念真诚又是美好道德品质的表现；所以有仁德的君子，做事光明正大，内心毫无愧疚，自然心胸坦然开明，身体舒适健壮全归于诚意的结果。

故事链接

汉武帝求贤不问出身

汉武帝刘彻，西汉皇帝，政治家、战略家。他深知要想治理好国家，就必须选贤任能。他刚即位，就发出了一个很不平常的求贤诏书，指出无论一个人出身贵贱，只要有特殊才能，就可封为将相。他说到做到，破格录用了许多出身下层的人才。

有一次,十七岁的汉武帝带着随从微服出访,来到一个作做柏谷的地方。晚上,汉武帝他们住进一家客栈。店主人见他们年纪轻轻,行动诡秘,以为他们是一伙盗贼。汉武帝口渴了,想讨点水喝。店主人脑袋一扬,没好气地说:"我这里没有水,只有尿!"说完,便偷偷溜出店门去召集附近的老百姓袭击这伙形迹可疑的旅客。

店主人的妻子是个精明女子,她猜出了丈夫的心计,连忙跟了出来,好言相劝说:"我看他们不像盗贼,那领头的倒像位贵公子。你千万别轻举妄动,以免错伤了好人。"

店主人有些犹豫,妻子乘机把他拉回屋里,花言巧语地劝他喝起酒来。不大一会儿,店主人就被妻子灌了个烂醉。接着店主人的妻子又是杀鸡,又是宰羊,盛情款待了汉武帝他们。第二天一早,汉武帝知道了事情的经过。

回宫之后,汉武帝立即召见店主人夫妻俩,先赐给妻子一千两金子,接着又把目光投向店主人。顿时,大殿里的气氛紧张起来,人们都以为店主人一定会受到惩罚。

谁知,汉武帝不但没有降罪,反而称赞他疾恶如仇,是个壮士,并当场拜他为羽林郎。此后,汉武帝的威望就更高了。

汉武帝用人标准是选贤任能,其在位期间曾于元光元年及元封五年两次颁布求贤诏。只要愿为汉朝事业奋斗,有艺能、有才干的人,能为将相和能出使遥远国度的人都可以被任用。也正是因为如此,汉武帝时期人才济济,出现了汉武盛世的局面。

八、修身

所谓修身在正其心者

所谓修身①在正其心者,身②有所忿懥③,则不得其正;有所恐惧,则不得其正;有所好乐,则不得其正;有所忧患,则不得其正。

注释

① 修身:陶冶身心,涵养德行。
② 身:身心、内心。
③ 忿懥(fèn zhì):愤怒。

解读

所谓修养自身品德,在于端正自己的内心。自身有所愤怒,内心就不能端正;自身有所畏惧,内心就不能端正;自身有所逸乐,内心就不能端正;自身有所忧患,内心就不能端正。

感悟

在人生的道路上保持端正的心态是很重要的,因为积极乐观的心情可以帮助你去除很多的烦恼。当一件坏事发生时,我们要看到事情的本质,然后从中学到东西。

大 学

人们常常因为所处的环境等太多原因而导致心理失衡。最重要的是你要知道自己为什么会这样，是什么原因导致自己失去了正常的心态？我们要一分为二地看待问题、事物和人，积极处理工作、学习、生活中所遇到的问题，平和地对待一切，不以物喜，不以己悲，学会控制好自己的情绪，凡事适可而止。

故事链接

孙权知错认错

三国时吴国的张昭，是个两朝开济的老臣，他在孙权面前从来是直言不讳的，因此获得孙权的信任，也因此产生了矛盾。

有一次，远在辽东的公孙渊派人递降表，孙权一看，高兴极了，马上派张弥、许晏两人去拜公孙渊为燕王。

张昭听了，马上阻止说："公孙渊背叛了魏国，怕因此受到征讨，所以才远道来求我们援助，归顺不是他的本意。如果公孙渊改变了主意，打算重新获得魏国的谅解，就会杀人灭口，这两个使臣肯定回不来了。那样的话，岂不是白白送了他两人的性命而叫天下人耻笑吗？"

孙权说出自己这样做的想法，张昭一一加以驳斥。这样反复了几次，张昭一次比一次态度坚决，言辞非常激烈。

孙权说不过张昭，觉得面子上过不去，就变了脸，拔出宝剑怒气冲冲地说："吴国的士人入宫则拜见我，出宫则拜见您。我对您的倚重也到了无以复加的程度，可是您却多次在大庭广众之下让我难堪，我真担心有一天会因为不能容忍而杀死了您。"

听了这些，张昭既没慌张又没退缩，他非常镇定地说："我之所以明

八、修身

知道您并不按我说的做,还满腔热忱地来规劝您,是因为常常想到太后在临终时发出的遗诏,叫我精心辅佐您啊!"说完,泣不成声。

孙权见状也感到伤心,把宝剑扔在地下,和张昭相对而泣。但孙权很固执,没有采纳张昭的意见,仍旧派张弥和许晏到了辽东。

张昭见孙权不听劝告,非常恼火,回府以后,就称病不理国事。孙权对他这样做很生气,干脆派人用土堵住了他的府门,表示永远不再用他为官。张昭看孙权把他家门堵了,非常气愤,他也不示弱,索性在院里用土封住了门,表示永远不出门为孙权办事。

张弥、许晏按照孙权的意图,来到辽东,公孙渊果真变了卦,把他们俩给杀了。孙权万万没想到真让张昭言中了,他很惭愧,觉得对不住张昭,派人运走了堵在张昭门口的土,几次向他赔礼道歉,可张昭不理。孙

权派人前去，都吃了闭门羹。

怎么办呢？孙权灵机一动，派人放火烧张昭府上的大门。他想，大火一着起来，张昭还不往外跑？到那时，自己不就看见他了吗？

孙权觉得自己主意不错。可是，张昭看见孙权放火烧门，索性把大门关死，等着大火把他烧死。孙权一看这招不灵，大惊失色，真怕火着起来把张昭烧死，于是下令灭火。

孙权在门口暗暗责备自己，恨自己办错了事，伤了这位股肱之臣的心。张昭的儿子一看再僵持下去也太不像话了，就连劝带拉硬逼着父亲去见孙权。孙权一看张昭终于出了门，就诚恳地请他到宫中一叙。

张昭来到宫里，孙权向张昭承认了错误，并表示今后要尊重他的意见，搞好君臣关系。张昭见孙权这样诚心诚意，满肚子的闷气顿时一扫而光，就又竭尽全力地协助孙权治理国家。

心不在焉

心不在焉[1]，视而不见[2]，听而不闻[3]，食而不知其味。此谓修身在正其心。

注释

[1] 心不在焉：心不在这里。指思想不集中。
[2] 视而不见：指不注意，不重视，睁着眼却没看见。视，看。
[3] 听而不闻：听到了就像没听到一样。形容漠不关心。

八、修身

解读

如果心思不能够集中，那么，在看东西时就像看不见一样，听声音时就像听不见一样，吃东西时也不知道它的滋味。这就是说：修养自身品德在于端正自己的内心。

感悟

古人云："凡事皆贵专，求师不专，则受益也不入，求友不专，则博爱而不亲，心有所专宗，而博观他涂以扩其识，亦无不可，无所专宗，而见异思迁，此眩彼夺，则大不可。"

正如读书求知，如果无所"专注"，这也想学，那也想学，结果只能是什么收获也没有。克己修身也是同样的道理，不受外界的影响，专心洗练品行，自然会收到好的效果。反之，如果心存杂念，患得患失，斤斤计较，最终仍必无所进益。

我们无论做什么事情，关键是做事情的心态，能否始终如一，充满激情地坚持到底。对于选定的方向，就应当心无旁骛地深入去做，而不是无休止地去选择所谓"最适合我们的"。其实，真正适合我们做的就是我们最终坚持做出结果的，而不是选择的过程。

因为事实上我们很难找到什么才是所谓的最适合我们的。只要自己决定去做的，就坚定地付诸躬行，专心致志地尽力做好就行。那种轻易放弃，朝三暮四，用心不专，浮躁虚荣，不甘寂寞，急功近利的人，最终是不会有成就的。

大 学

故事链接

劝诫卫侯反骄破满

子思是孔子的孙子,曾子的学生。有一次,子思到卫国去做客。他看到卫侯在说话或处理事情时不管对不对,他的群臣都异口同声地附和。于是,子思就对他的学生公丘懿子说:"我看卫国可真算是'君不君,臣不臣'了。"公丘懿子说:"您为什么这样说呢?"

子思说:"当人君的如果不谦虚,认为自己一贯正确,那么别人就是有再好的意见,他也听不进去。即使事情办得对,也应当听听别人的意见,何况是让别人称赞自己做坏事、助长自己作恶呢!凡事如果自己不考虑是非,只是让别人称赞自己,这样的人真是太糊涂了。听别人的话如果不考虑有没有道理,只是随声附和,一味阿谀奉承,这样的人,真是太无耻了。当国君的糊涂,当人臣的无耻,这怎么能领导百姓呢?"

有一天,子思见到了卫侯,对卫侯说:"您国家的风气应当改变,否则的话,您的国家将要每况愈下了。"卫侯惊讶地说:"您说说,是什么原因呢?"子思说:"您察觉到没有,您说出话来,自己认为是对的,您的卿大夫没有敢矫正其中不对的地方的。您的卿大夫说出话来,也都认为自己对,而那些士人和百姓没有敢矫正其中不对的地方的。这样一来,你们当君的当臣的都已经自命是贤明的人了,下边的群众也随声附和。赞扬、顺从的人,就会得到好处;矫正、不顺从的人,就会有祸患。像这样,您想想,好事从哪能生出来呢?"

卫侯听完子思的话,起来说:"谢谢先生的教导,我今后一定谦虚谨慎,以礼待人,改变风气。"

九、齐家

所谓齐其家

所谓齐其家,在修其身者,人之❶其所亲爱而辟❷焉,之其所贱恶而辟焉,之其所畏敬而辟焉,之其所哀矜❸而辟焉,之其所敖惰而辟焉。

注释

❶ 之:即"于",对于。
❷ 辟:偏颇,偏向。
❸ 哀矜:同情,怜悯。

解读

所谓整治自己的家族在于修养自身的品德,是因为人们对于自己所亲爱的人往往会过分偏爱,人们对于自己所厌恶的人往往会存有偏见,人们对于自己所敬畏的人往往会过分偏敬,人们对于自己所同情的人往往会有所偏护,人们对于自己所轻视的人往往会过于偏轻。

感悟

公正的待遇、公平的环境是人们共同的向往。古人说"公生明,偏生暗",可是,在历史的实际进程中,又有多少人能维护公平、主持公道、享受公正呢？究其原因，不是没有公平公正的规范，也不是没有客观平等的制度，而是因为人性中存有的弱点，使人的行为受到局限，很难做到公正和公平，这也正是需要通过学习与磨炼来解决的问题，从而达到提高修养的目的。

公平不是绝对的。如果主持公平的人多一些，那么社会就会朝着好的方向发展。因此，无论多么完善的法律，多么周密的计划，如果执行者不能坚持真理，不能坚持原则，自然就不会有公正。这也正是需要加强自身修养的理由。

故事链接

郑文嗣治家有方

郑文嗣，字绍卿，元朝婺州浦江人。其治家有方，十世同堂，计历二百四十多年，代代和睦相处。

郑文嗣去世以后，他的叔伯弟弟郑大和主持家事，治理更加严格，同时对家庭成员也更加关怀，使他们心悦诚服。他把家庭管理严格得如同官府，如果子弟中谁犯有过失，不分年纪老幼，仍然依据家规进行惩戒。

郑大和治理家政十分注重礼仪的教化作用。每到年节，就对子弟进行考评。郑大和端正地坐在堂屋正中，全家的众多子弟按照辈分，都穿着新衣服戴着新帽子，排着整齐的队列分列在左侧的屋檐下，依次进见，行拜、跪之礼，并举酒杯祝寿。然后，拱手从右边退出。整个仪式庄重严谨，没有人喧哗谈论、影响队形，保留着上古遗传下来的古朴家风。

郑大和为人正直且遵守法度，不信仰佛教和道教，每逢遇到冠礼、婚礼以及丧葬大事都按朱熹规定的礼仪进行。全家众多子弟都受到教育感

九、齐家

化，即使是曾经做过官吏也不敢对家法有丝毫违犯。众多妇女只做妇女应该做的事，从来不允许干预家政。亲族乡邻都因为受到过恩惠而感念其德。朝廷得知后，免除了他们家所有的租税和徭役，并派来使者书写了"东浙第一家"的匾额，对他们进行表扬和鼓励。

传承至明代，世代同堂已近三百年，家族中人人孝顺长辈，为官清正。自七世祖郑绮，传至郑文嗣、文融，又皆载入《元史·孝友传》。后世有郑濂享有盛名，仍以孝义载入《明史·孝义传》。

正直清廉的父与子

胡质是三国时魏国的一位官员，他为人正直，执政清廉，虽先后任过

大 学

县令和太守，但其家人一直过着很清贫的生活。

有一年，胡质升任荆州刺史，他的儿子胡威从京都来看望他。由于家境清贫，没有车马仆童，胡威只得独自赶着毛驴前来探望父亲。父子在荆州相聚了十余天后，儿子胡威要返回京都了。临别时，胡质拿出一匹细绢，送给儿子以作为归途中的盘缠。

胡威见到这匹细绢，竟然大吃一惊，忙向父亲跪下，不解地问道："父亲大人，您一向廉洁清白，不知是从哪儿得到这匹细绢？"

胡质深知儿子的心意，高兴而又坦然地笑着对儿子说："孩儿有所不知，这不是赃物贿品，而是我从薪俸中节省下来的，所以用来给你做路上的盘缠。"胡威听父亲这么一说，才伸手接过细绢，辞别了父亲。

胡威独自赶着毛驴踏上了归途。一路上，他每到客栈，都是自己放驴、劈柴煮饭，从不雇用别人。三天后，一位自称去往京都的人，提出与胡威同行。

此人谈笑风生，为人慷慨大方，自和胡威同行之后，百般殷勤地照料着胡威。他不仅处处帮着胡威筹划出主意，有时还请胡威吃喝。

就这样一连几天，胡威心中暗暗地纳闷了。心想，此人看来心眼并不坏，但他与我素不相识，为什么对我一见如故，又如此百般殷勤呢？胡威对他的行为产生了怀疑。

原来，此人是胡威父亲胡质属下的一个都督，早就有意想巴结讨好胡质，但听说胡质为人正派清廉，最不喜欢溜须拍马的人，所以一直没找到合适的理由和时机。

这次，他听说胡质的儿子要独自回京都，自认为是个大献殷勤的好机会，于是他探听得胡威起程的日子，就以请假回家为理由，提前做好了准备，暗中带着衣食之物，在百里外的地方等着胡威，以便同他结伴而行。

所以，他遇到胡威后，才有这一番表现。

胡威在多次与那人的谈心中，终于得知了真情。于是，胡威立即从自己的行包中取出了父亲送给他的那匹细绢，递给这位都督，以此偿还他一路花销的费用和情意。这位都督拒绝不收。

胡威说："我父亲的为人，你应该是知道的。他执政廉洁，为人清白，从不接受别人馈赠，我做儿子的如果仗着他的权势占别人的便宜，就等于在这匹白绢上面泼上了污水，岂不大错特错了吗？"

那都督看到胡威态度如此坚决，心想，真是有其父必有其子。只好十分尴尬地拿着那匹白绢和胡威道别了。

为人正直，清正廉洁，胡质父子俩的高风亮节，令人肃然起敬。

故好而知其恶

故好而知其恶，恶而知其美①者，天下鲜矣②。故谚③有之曰："人莫知其子之恶，莫知其苗之硕④。"此谓身不修，不可以齐其家。

注释

① 恶而知其美：厌恶而知道他的长处。美，美好、长处。
② 天下鲜矣：天下很少了。鲜，少。
③ 谚：群众中流传的固定语句，常用简单的话反映出普遍而深刻的道理。
④ 硕：大，肥壮。

大 学

解读

因此说，喜欢一个人而知道他的缺点，讨厌一个人而了解他的长处，这样的人天下少有。所以有句俗话说："溺爱自己子女的人看不到孩子的缺点，贪心不足的农夫看不到自己禾苗的茁壮。"这也就是说，如果不修养自身的品德，就不能够整治好自己的家族。

感悟

加强修养，在于我们自己，在于我们对于美好德行的向往，在于对自己言行的自觉砥砺。加强修养，提高素质，有利于化解各种矛盾，建立和谐的人际关系。加强修养，离不开学习，任何成就都是建立在勤奋学习的基础之上的，学习是提高素质的必由之路。

修身，就是提高自身修养；齐家，就是建立良好的家庭环境。家庭是组成社会的最基本的单元，治理好家庭，就可影响邻里风俗，就具备了办理政务的能力和良好的个人品德。所以，古人选贤，重在考察居家的行为，有"求忠臣于孝悌之门"的说法。可见，修身齐家具有多么重要的意义。

故事链接

朱元璋称帝不忘俭

明太祖朱元璋是中国历史上有雄才大略的杰出皇帝，他与一般封建帝王不同之处在于讲究节俭。朱元璋出身农家，他放过牛，种过田，也做过和尚，还要过饭。

九、齐家

朱元璋在民间度过了二十四年颠沛流离、饥寒交迫的生活。后来，他投奔红巾军后，凭着自己的战功，从小亲兵一步步上升为控制半壁江山的吴王，在战场上度过了十六年出生入死的戎马生活。

明朝建立后，朱元璋用宽猛结合的手段，重建中央集权的封建专制国家，以休养生息为方针，恢复和发展社会生产。

朱元璋不喜欢饮酒，多次发布限制酿酒的命令。他不爱奢华，在营造宫殿时，工程设计者送来图样，他把雕琢考究的部分都去掉。

朱元璋对中书省官员们说："宫殿只要坚固就行了，何必过分华丽。当初尧住的是十分简陋的茅屋土阶，却是历史上有名的好天子。后世竞相

奢侈，宫殿里有无穷无尽的享乐，欲心一纵，就不可遏止，于是祸乱就产生了。假使做皇帝的能节俭，下面的臣子就不会奢侈。要知珠玉不是宝，真正的宝是节俭。今后一切建筑都要朴素，不准浪费民力。"他命令太监在皇宫墙边种菜，不要建造亭台楼阁。

有一次，司天监把元顺帝亲手制作的水晶自动宫漏献给朱元璋，却被朱元璋严厉地训斥了一顿。后来，江西送来陈友谅的镂金床，也遭到了朱元璋的严厉训斥。

朱元璋为了让儿子得到锻炼，他规定诸子出城稍远，骑马十分之七，步行十分之三。

朱元璋还带着太子朱标到农民家去，并告诫太子说："农民勤四体，务五谷，身不离田亩，手不离耒耜，终年勤劳。他们住的是茅屋，穿的是布衣，吃的是粗粮，国家经费还要从他们身上出。"

朱元璋的俭朴生活，使天下养成勤俭风气，化民成俗。朝廷内外许多官员都很俭朴。如济宁知府方克勤，他在工作中勤慎，在生活上俭朴，是明初廉吏的典型。他官职不低，月俸二十石，但自奉简素，不服纨绔，一布袍十年不换。家中房屋坏了，属吏请为之修缮，他说："不要因为我的私事而劳民，自己买苇席障之，蔽风雨而已。"

朱元璋不仅自己以身率先、勤政俭朴，还立法定制，要使富者得以保其富，贫者得以全其生。又对贪得无厌，横行不法的豪强地主，采取严刑重法加以打击，使当时的社会经济得以恢复和发展。

十、治国

治国必先齐其家

所谓❶治国❷必先齐其家者,其家不可教❸,而能教人者无之。故君子不出家而成教于国❹。

注释

❶ 所谓:之所以说。
❷ 治国:治理国家政务,使强盛安定。
❸ 教:指导,训诲,教化。
❹ 成教于国:成功地教化国家。国,指诸侯国。

解读

所以,治理国家必须先要整治好自己的家族,如果自己的家族不能够教化的话,又怎么能够去教化别人呢,那是没有的事。所以,君子不出家门也能够成功地教化邦国。

感悟

国家,国家,仅从语词关系来看,国和家的关系就是如此血肉相连,密不可分。尤其是在以家族为中心的宗法制社会时代,家是一个小小的王国,家长就是它的国王;国是一个大大的家,国王就是它的家长。也正因为如此,我们才能理解"治国必先齐其家"的道理。

故事链接

隋文帝厉行勤俭

隋文帝杨坚,弘农郡华阴人,汉太尉杨震十四世孙,隋朝开国皇帝,开皇元年到仁寿四年在位。

公元589年,隋文帝杨坚实现了南北方的重新统一。他总结了前人的经验,认识到勤俭是治国最重要的有效途径。

为振兴国家,隋文帝身体力行,勤于政事,俭于自奉。每天一早,他便上朝理政,直到过午还不知疲倦;乘车外出途中,遇到有人上书,便停下来亲自过问。

在生活上隋文帝规定从帝王到后宫,服饰器用,务求节俭。妃嫔们的衣服,只要能穿,就不换新的;宫人们的衣服脏了,都要洗过再穿;车舆上的东西破了,补补之后再用。隋文帝自己的衣服和用物,也是用坏了,随时送去修补,补好再用。

有一天,隋文帝见到太子杨勇的铠甲曾精心地装饰过,很不高兴,便把太子叫到跟前,很严厉地告诫他说:"自古帝王没有好奢侈而能长久的。你当太子,应该把俭约放在首位,将来才能继承好皇位。为了让你学习我的榜样,我过去穿过的衣服,你应该各留一件在身边,经常观看,以便时刻提醒自己不要奢侈。"

有一次,隋文帝身患痢疾,配些止痢药,需用一两胡椒粉,可是,找遍了宫中上下都找不到。又一次,他到灾区视察,他拿着老百姓吃的糠给群臣看，痛苦地责备自己无德，表示今后膳食从简，不吃酒肉。

由于皇帝躬行节俭，当时社会上也出现了俭朴之风。一般士人平日多穿布帛，装饰品也只用铜、铁、骨、角制造，不用金玉，为国家节省了大量的金钱和物资。

为了提倡节俭，形成风气，隋文帝还从法律上规定，对挥霍无度者，严惩不容。

隋文帝还经常派人侦察朝内外官员，发现罪状便加重惩罚。他痛恨官吏的贪污行为，甚至秘密派人给官吏送贿，一旦接受，立即处死。

隋文帝的儿子杨俊，生活奢侈，被发现，勒令禁闭。大臣杨素认为罚得太重，他说，皇上和百姓只有一个法律，照你说来，为什么不另造皇子律？

由于隋文帝在建国初能厉行勤俭，使政治较为清明，阶级矛盾相对缓和，人民的负担比南北朝时期有了显著的减轻，社会经济呈现出繁荣景象。

可惜，隋文帝晚年对自己提出的要求没能坚持到底。他的儿子杨广上台后，奢侈无度，不久就被农民起义推翻了。

孝者，所以事君也

孝者，所以事君也。悌❶者，所以事长❷也。慈❸者，所以使众也。

大 学

注释

① 悌：指弟弟应该绝对服从哥哥。
② 长：长辈。
③ 慈：指父母爱子女。

解读

在家族中，所讲求的孝道也是可以用来侍奉国君的，同时，悌道也可以用来侍奉长辈，慈道也可以用来指挥民众，它们的关系十分密切。

感悟

家庭和睦是构建和谐社会的基础，孝、悌、慈，是处理家庭关系的基本要素，个人修养的是非得失，国家的治乱安危，皆取决于此。君子成于道德仁义，安于君臣、父子、兄弟之伦，以至家、乡、国之大事，无不适用。

从自己做起，从自己身边的小事做起，修养好自己的德行，以自己的言行影响并治理好家庭，使自己的家庭和睦幸福，建立良好的家风，并因此而影响到邻里，形成良好的乡风，从而因为我们的躬行，使道德与正气得以弘扬，这就是我们的人生价值。

故事链接

班固兄妹孝继父业

班固，字孟坚，东汉扶风安陵人，是东汉著名的史学家、文学家。

十、治国

他出生于封建官宦家庭，家里又是儒学世家。其父班彪，字叔皮，为人性情沉静稳重，博学多才，善于著述。班固之所以能成为一个著名的历史学家，与班彪的教导和影响是分不开的。

班固在父亲的教导与影响下，自幼聪明伶俐，九岁就能作文。十六岁入洛阳太学读书。青年时期博览群书，对于诸子百家各种学术流派的观点，细心加以探讨。班固治学注重了解文章大意，而不在分析字句上下功夫。他为人宽厚、谦虚，从不以自己才学过人而自恃，因而深为时人所敬慕。

班固二十三岁时，其父因病逝世。当时他正在洛阳太学读书。当他

听到父亲病逝的消息后,悲痛至极,他匆匆赶回家中为父居丧。在此过程中,他一面缅怀父亲生前对自己的教诲,一面潜心阅读父亲遗作。在通读《史记后传》之后,他发现很多地方记叙得还不够详细,于是,他决心完成父亲未竟的事业,以尽孝道。

班固开始大力搜集材料,改订体例,准备在《史记后传》的基础上编撰《汉书》。可就在他埋头编撰过程中,有人诬告他私自改作"国史",他被捕入狱,书稿也一并被抄去。

班固的弟弟班超闻讯上书,才救了他。当时明帝看了他的书稿,不但赞赏他的史学才能,而且召他到京师任兰台令史,掌管宫廷藏书,并进行校勘工作。第二年被提升为秘书郎。班固充分利用这个有利条件,典校秘书,编著国史。明帝非常高兴,命他继续撰写班彪未写完的史书。

这是他完成父亲未竟事业的大好时机,于是他又着手撰写《汉书》了。经过二十余年的不懈努力,到汉章帝时,《汉书》才大体写成,但仍未全部完成。汉和帝永元元年,外戚窦宪因擅权被杀,班固牵连其中,死于大狱。

同年,班固的妹妹班昭继父兄遗志,奉旨入东观藏书阁,续写《汉书》。班昭又名姬,字惠班,十四岁时,嫁于同郡人曹世叔为妻。丈夫去世后,班昭清守妇规,举止合乎礼仪,气节品行非常好。

同时,班昭学问广博,很有才干。班固去世后,她在藏书阁经年累月孜孜不倦地阅读了大量史籍,整理、核校父兄遗留下来的散乱篇章,并在原稿基础上补写了八表——《异姓诸侯王表》《诸侯王表》《王子侯表》《高惠高后文功臣表》《景武昭宣元成功臣表》《外戚恩泽侯表》《百官公卿表》《古今人表》等,最终完成了续写《汉书》的任务。

《汉书》内容丰富充实,保存了大量原始资料,而且语言精练,言简

十、治国

意赅，结构严谨，对人物的描写尤为细腻、生动。它真实地记录了当时社会的现状与阶级矛盾，客观地反映了统治阶级的腐朽与罪恶，对民间疾苦寄予一定的同情，歌颂了一些英雄和爱国人物。

总之，《汉书》不仅是一部有重要史料价值的优秀历史文献，而且也是一部杰出的散文巨著，在文学史上有重要地位。

《康诰》曰如保赤子

《康诰》曰："如保赤子❶。"心诚求之，虽不中❷，不远矣。未有学养子而后嫁者也。

注释

❶如保赤子：这是周成王告诫康叔的话，意思是保护平民百姓如母亲养护婴孩一样。赤子，指初生的婴孩。
❷中：达到目标。

解读

《康诰》中说道："爱护民众就要像母亲爱护初生的婴儿一样。"内心真诚地追求爱护民众，虽然不能完全符合，但也不会相差很远。在生活中，没有见过先学抚养孩子然后才出嫁的女子。

大学

感悟

本节以《康诰》"如保赤子"为喻，论述君子应存慈爱之心，体察民众之情，达到治理国家的目的。

毛泽东说，要在战争中学会战争，说的也是这个道理，你不可能只研究，不实践，就想赢得战争。

故事链接

吴起爱兵如子

吴起，卫国左氏人，战国初期军事家、政治家、改革家，兵家代表人物。

吴起在治军方面，以爱惜士兵、与士兵共患难而闻名。有一年，魏文侯命令吴起统率大军攻伐秦国。西征之中，吴起与普通士兵一样，背着粮袋，徒步行走，而把战马让给了体弱的士卒骑。

吃饭的时候，吴起也不吃"小灶"，而是与士兵们坐在一起，围着大锅，喝大碗汤、吃大碗饭，有说有笑，俨然一名普通士兵。睡觉的时候，吴起还与士兵们滚在一起，以天为被、以地为席。士卒们深受感动，打起仗来，都愿意为吴起出力。

当时在吴起的部队里，有一名士兵的背上生了个疽，由于军队正在行军，一时找不到良医好药进行治疗，吴起就亲自为士兵把疽中的脓液用嘴吸出来，为这位士兵治好了病。

这名士兵的母亲闻讯后，竟放声大哭。邻居大感不解，说："吴将军为你儿子吸毒治疽，你不感谢吴将军，却哭泣不止，这是为什么？"

十、治国

　　这位母亲回答道:"不是我不感谢吴将军,我是想起了我的丈夫啊!我丈夫以前也是在吴将军手下当兵,也曾长了背疽,当时,也是吴将军为他吸出毒汁治好病的。丈夫感激吴起,打起仗来不要命,最终战死沙场。我儿子一定也会对吴将军感恩不尽,恐怕儿子的性命也不会长久了。"

　　吴起爱惜士卒,士卒甘愿为吴起拼死作战。魏、秦两军交战后,魏军连战连胜,所向披靡,秦军一退再退,接连被吴起攻占了五座城池。魏文

| 大学

侯闻报，非常高兴，任命吴起为西河郡守，把保卫魏国西部的重任交给了吴起。

当然，吴起也没有辜负魏文侯的信任，他在镇守西河的二十七年里，率军与各路诸侯大战七十六次，全胜六十四次，魏国领土也扩展了千余里。

一家仁

一家仁，一国兴仁；一家让，一国兴让；一人贪戾❶，一国作乱。其机❷如此。此谓一言偾❸事，一人定国。

注释

❶ 戾：暴恶。
❷ 机：本指弩箭上的发动机关，引申为作用。
❸ 偾（fèn）：败坏。

解读

君主的家族仁爱相亲，整个邦国就会兴起仁爱相亲的风气；君主的家族谦恭礼让，整个邦国就会兴起谦恭礼让的风气；君主一人贪暴，整个邦国就会动乱。其联系就是这样紧密。这就叫作"君主一言能够坏事，君主一人可以安国"。

十、治国

感悟

家风是个人成长的关键。"天下之本在国,国之本在家,家之本在身。"无论是在传统社会还是在当代中国,家庭始终是国人安身立命之所,而重视家庭和家庭建设则是中华民族自古以来的传统。不论时代发生多大变化,不论生活格局发生多大变化,我们都要重视家庭建设,注重家庭、注重家教、注重家风。

公民品格决定了国家的前途。实践证明,一个国家的前途,不取决于它的国库之殷实、城堡之坚固、公共设施之华丽,而在于公民品格之高下。

从价值取向来讲,爱国、敬业、诚信、友善等基本价值准则内蕴藏着公民品格。这种公民品格在利益冲突不可避免的市场经济条件下,能自觉地协调好个人与国家、与社会、与他人之间的冲突,而这对于成就富强、民主、文明、和谐的国家梦想至关重要。

而在所有的个体品格中,居官者的个体品格尤为特殊。每一位领导干部都应认识到自己的家风不是小事,不是家庭私事,而是"一人贪戾"则"一国作乱"的大事。

故事链接

平易近人的光武帝

汉光武帝刘秀,字文叔,南阳郡蔡阳人,生于陈留郡济阳县济阳宫,东汉王朝的建立者。

光武帝刚刚即位时,天下未定,还存在着许多割据势力。当时除了

| 大学

光武皇帝以外,还有四个人称帝,四个人称王,两个将军也都各自独霸一方。其中,势力比较大的有五郡大将军窦融、西州大将军隗嚣、蜀中皇帝公孙述。

汉光武帝要想统一天下,就必须把这些割据势力各个击破,于是他决定先拉拢隗嚣和窦融,好孤立公孙述。公孙述也想拉拢隗嚣,曾经派使者去封他为王。

隗嚣不知道汉光武帝和公孙述两人到底谁能最后统一天下,拿不定主意到底应该投靠谁,就派手下的一个谋士马援作为使者,到两边去探听虚实。

马援和公孙述是同乡,从小就是好朋友。他到了公孙述那里,以为自己是公孙述的老朋友,又多年没有见面,公孙述见了他一定会很高兴。

可是公孙述却向他摆皇帝的架子,对待他就像对待一般使臣一样,虽说接待他的场面也很隆重,但是一点也没有以前的亲热劲。他见了马援,没说上几句话,就封马援为大将军,还威严地坐在那里,等马援向他谢恩。

马援心里很不痛快,就推辞不干。他回到隗嚣那里,对隗嚣说:"公孙述妄自尊大,就好像一只井底下的青蛙,我看我们还不如投靠东边的汉光武帝。"

于是,隗嚣又派马援去见汉光武帝。光武帝穿着便装,也不带卫兵,在殿上很随便地接见马援,就像老朋友见面一样,没有半点皇帝的派头。

汉光武帝笑着对马援说:"你在两个皇帝之间奔波,今天见到你,我还真觉得有点不好意思啊!"

马援说:"现在天下还没有定下来,不仅是做君主的要挑选臣子,做臣子的也要挑选君主。我和公孙述从小就是要好的朋友,他见我的时候都有卫兵护卫着，您见我的时候却这么随便，连卫士也不带，就不怕我是刺客吗？"

汉光武帝笑着说："你不是刺客，大概是说客。"

马援见刘秀如此热情，平易近人，深受感动，心中认为，汉光武帝胸怀博大，礼贤下士，可以成就大业。

汉光武帝和马援谈得很融洽，马援回去以后，就把自己的看法跟隗嚣说了。后来，公孙述果然被灭掉，汉光武帝统一了天下。

尧舜帅天下以仁

尧舜❶帅❷天下以仁，而民从之。桀纣❸帅天下以暴，而民从之。

注释

❶ 尧舜：传说中父系氏族社会后期部落联盟的两位领袖，即尧帝和舜帝，历来被认为是圣君的代表。

❷ 帅：同"率"，率领，统率。

❸ 桀（jié）纣：桀，夏代最后一位君主。纣，即殷纣王，商代最后一位君主。二人历来被认为是暴君的代表。

解读

尧舜用仁爱来统率天下，天下人也就跟着实行仁爱；桀纣用贪暴来统率天下，天下人也就跟着变得贪暴。

大 学

感悟

"君子之德风。"个人的行为,并不仅仅只是个人的事,因为任何人都不是孤立的,都代表了自己的时代,都担负着承上启下的义务,既是流逝的世代的继承者,又是即将到来的未来世代的中介者。"虽无所能,而苟有其德,则天下之善,皆归焉。虽有所能,而苟无其德,则天下之恶,皆归焉。"

故事链接

宽以待人的舜

舜,姚姓,有虞氏,名重华,字都君,谥曰"舜",是中国上古时代父系氏族社会后期部落联盟首领。舜的王位是唐尧禅让的。

尧从十六岁开始治理天下,已经做了七十年的首领了。到八十六岁那年,尧想要找一个人来接替他,于是向各地发出公告,号召人们推荐贤能的人。没过多久,人们就推荐虞舜做他的继承人。

据说虞舜的父亲双目失明,母亲早就去世了。盲人父亲又娶了一个妻子,也就是虞舜的后母。后母生了个儿子,取名叫象。

象好吃懒做而且非常傲慢,经常在父母面前说异母哥哥虞舜的坏话。虞舜并不介意这些事。他十分孝顺自己的盲人父亲,对待后母和异母弟弟象也很好。

尧听了人们的介绍,决定先考验考验虞舜。他把自己的两个女儿娥皇和女英都嫁给了虞舜做妻子,并派虞舜到各地去同群众一起干活。

虞舜结婚以后,带着两个妻子一起去种地干活,同时依旧孝顺父母,

十、治国

关心弟弟。大家都说他是个好儿子，好丈夫，好哥哥。虞舜每到一个地方，人们都紧紧跟随着他，拥护他。

虞舜的盲人父亲和弟弟象听说虞舜得到这么多东西，又起了坏心。

有一回，虞舜的盲人父亲叫舜修补粮仓的顶。当舜用梯子爬上仓顶的时候，盲人父亲就在下面放起火来，想把舜烧死。舜在仓顶上一见起火，想找梯子，但梯子已经不知去向。

幸好舜随身带着两顶遮太阳用的笠帽。他双手拿着笠帽，像鸟张翅膀一样跳下来。笠帽随风飘荡，舜轻轻地落在地上，一点儿也没受伤。

大 学

　　虞舜的父亲和弟弟并不甘心，他们又叫舜去掏井。舜下到井里后，他们就在上面把一块块土石丢下去，把井填平，想把舜活活埋在里面。没想到舜下井后，在井边掘了一个孔道，钻了出来，又安全地回家了。

　　象不知道舜早已脱险，得意扬扬地回到家里，去了舜的屋子。哪知道，他一进屋子，舜正坐在床边弹琴呢。舜也装作若无其事，说："你来得正好，我的事情多，正需要你帮助我来料理呢。"

　　以后，舜还是像过去一样和和气气地对待他的父母和弟弟，他的父亲和弟弟也不敢再暗害舜了。

　　唐尧听说虞舜这样宽宏大量，对他更加放心了，就把治理天下的大权交给了他。这就是历史上的"尧舜禅让"。

　　虞舜行使了二十年的治理大权，把各种事情办理得井井有条，天下的人都十分佩服他。

其所令，反其所好

　　其所令❶，反其所好，而民不从❷。是故君子有诸❸己而后求诸人，无诸己而后非诸人。

注释

❶ 令：上级对下级的指示。
❷ 不从：不服从，不听从。
❸ 诸："之于"的合音。

十、治国

解读

君主号召人民实行仁爱而自己嗜好贪暴，人民是不会听从他的。所以，君子自身具有了美德而后才能要求他人修养美德，君子自身不沾染恶习而后才能禁止他人接近恶习。

感悟

大与小是相对的两个事物或者同一事物的两个方面，二者相比较而存在。小是大的基础，大是小的发展。要想治理好国家，必须先治理好家族，"所谓治国，必先齐其家者"。因而，正如每个人都是从小长到大的道理一样，我们只有认认真真地做好每一件小事，才可以具备做大事的能力。"不积跬步，无以至千里；不积小流，无以成江海。"

故事链接

燕昭王从善如流

公元前318年，燕国发生内乱，齐国乘机攻打燕国，杀死了燕王哙。不久，燕昭王即位。为了收复失地，他亲自登门向燕国贤者郭隗请教，寻求贤能人才的计策。

郭隗说："成帝业的国君，把贤人作为老师看待；成王业的国君，把贤人作为朋友看待；成霸业的人，把贤人作为大臣看待；而国家也保不住的国君，则把贤人作为奴役看待。大王如果虚心听取贤人的教导，恭恭敬敬地拜他为师，那么，天下的贤人就会归附到燕国来。"

燕昭王说："我倒真想向所有的贤人学习，只是不知道先去召见谁最合适？"

郭隗没有直接回答，而是讲了这么一个故事：

从前有个国王想用千金去买一匹千里马，但三年过去了也没有买到。

有个大臣对国王说："让我来为大王效劳吧！"

过了三个月，那个大臣找到了一匹千里马，可已经死了，就花了五百两黄金，把马骨买了回来。

国王大怒道："谁让你用重金去买马骨的！"

大臣说："一匹千里马的骨头尚且花了五百黄金，更何况活的千里呢？天下的人必然认为大王是诚心买千里马的人，肯定会把千里马送上门来的。"

果然不到一年时间，就得到三匹千里马。

郭隗讲完故事，又说："现在大王如果真想寻求贤人做老师，那就请从我开始吧。连我郭隗都能受到重用，何况比我更有才能的人呢？他们一定会从千里之外赶来的。"

燕昭王觉得很有道理，就为郭隗修建了宫室，并把他做老师看待。这件事传开以后，很多贤能的人从各国前来投奔燕昭王。燕国依靠这些人才，最后终于打败了齐国。

黄庭坚做官不忘侍母

黄庭坚，字鲁直，号山谷道人，晚号涪翁，洪州分宁人，北宋著名文学家、书法家、盛极一时的江西诗派开山之祖。他也是有名的孝子。

黄庭坚任太史时，公务十分繁忙，但他仍不辞劳苦地亲自侍奉母亲，从不懈怠。他每天忙完公事回来，首先要陪在母亲身边说一会儿话，才会

十、治国

回房干自己的事。

那时候，人们为了夜里方便如厕，通常准备一个应急的便桶。黄庭坚知道母亲喜好洁净，又怕丫鬟照顾不好，所以总是亲自为母亲刷洗便桶，数十年如一日，从不间断。有人问他："您身为高贵的朝廷命官，又有那么多的仆人，为什么要亲自做这些杂细的事情呢？"

黄庭坚回答说："孝顺父母是我的责任，同自己的身份、地位没有任何关系，这种事怎能让仆人代劳呢？"

黄庭坚孝敬老母的事在当时广为流传，成为一段佳话。

所藏乎身不恕

所藏乎身不恕❶，而能喻❷诸人者，未❸之有也。故治国在齐其家。

注释

❶ 恕：即恕道。
❷ 喻：开导，使别人明白。
❸ 未：不，不管，没有。

解读

如果自身有着不合于恕道的心念，又怎么能够去教育别人行恕道呢，那是从来都没有过的事。因此，想治理好国家的前提就在于整治好自己的家族。

大 学

感悟

《大学》的这一章反复强调以身作则,要求"君子有诸己而后求诸人,无诸己而后非诸人",指出"其所令反其所好,而民不从","所藏乎身不恕,而能喻诸人者,未之有也"。这些思想并不因为社会时代的变迁而失去光彩。它既是对"欲治其国者"的告诫,值得推荐给当政为官的人作为座右铭;也是对儒学"恕道"原则的阐发,可广泛应用于生活的各个方面,作为我们立身处世、待人接物的有益参照。

故事链接

家族兴盛,冠冕不绝

琅琊王氏是中国古代顶级门阀士族,晋代四大盛门"王谢袁萧"之首,是中古时期中原最具代表性的名门望族,素有"华夏首望"之誉称。

琅琊王氏自汉代步入历史舞台,历经两晋的兴盛,流风余韵延续至隋唐之世,数百年冠冕不绝,固然与外在之社会政治、经济财力有关,但像他们一样能保持门户不衰的并不多见,这与其良好家风有莫大关系。家风是家族的精神文化传统,关乎家族文化的底色和基调,琅琊王氏家风的底色便是立德、立功、立言。

王氏家风的奠定者当属"二十四孝"之一的王祥,他是王吉以下第六代,"卧冰求鲤"的主角就是他。父母生病,王祥衣不解带,日夜照顾,汤药必亲自尝过后,再给父母服用。天寒地冻,继母想吃鲜鱼,他脱衣卧于河冰之上,冰被暖化,孝感天地,从冰下跃出两尾鲤鱼。故事经过民间

十、治国

演绎，自然有夸张之处，但王祥的孝在当时是传为佳话的。

王祥是王氏家风的奠定者，王导则是王氏走向极盛的引领者。晋室衣冠南渡，王导与堂兄王敦一内一外协助司马睿建立东晋。王导安抚南渡的北方士族，联络南方士族，极力调和二者之间的矛盾，为稳定江东局面，立下汗马功劳，时人言"王与马，共天下"，道出了王导对晋朝的再造之功。

王导调和南北矛盾的同时，也没忘了身为近臣要时刻规劝皇帝的职责，他成功劝谏司马睿戒酒、放弃随意改变储君等。

一次，晋明帝当着王导的面，询问中书令温峤晋朝得天下的原因。温峤尚未回答，王导上前一步，说："温峤年轻不熟悉本朝旧事，我来为陛下陈述。"

王导便详细地讲述了司马懿创业初始，诛杀名门望族，宠信培植亲近之人，一直讲到司马昭除掉魏帝高贵乡公曹髦等不光彩的事情。王导以

此来规劝晋明帝要远小人,行德政。明帝听后很内疚,掩面伏于坐榻之上说:"如公所言,晋室皇祚安得长久!"

历史进入南朝,琅琊王氏子弟王弘、王昙先后辅助刘裕、刘义隆父子称帝,将王氏家族再次推向鼎盛;齐代宋,王俭对萧道成的功业立有大功。

不为一家一姓尽忠,而为国为民建立事功,是琅琊王氏家风的成功之处。琅琊王氏顺应历史发展,不为腐朽王朝尽愚忠,维护安定大局,尽可能减少战乱,让百姓少受乱离之苦,对历史发展功不可没。

桃之夭夭,其叶蓁蓁

《诗》云:"桃之夭夭❶,其叶蓁蓁❷。之子❸于归,宜其家人。"宜其家人,而后可以教国人。

注释

❶ 夭夭:草木茂盛的样子。诗以桃花喻少女,指少女风华正茂,娇艳宜人。

❷ 蓁蓁(zhēn):树叶茂盛的样子。比喻女子将来室家之盛。

❸ 之子:这个姑娘。

解读

《诗》中说道:"桃树长得多么的茂盛,它的叶子光润碧绿;这个女

十、治国

孩儿就要出嫁了,她使家人能够和睦相处。"自己的家人能够和睦相处,然后才可以去教化国人。

感悟

人们常说:任何一个成功的男人后面,都有一位伟大的女性。这是说家庭的支持是成就事业的基础。家庭是社会的细胞。千千万万的家庭组成了国家。没有一个个的家庭,就没有社会,也就没有国家。

我们每个人既是国家的公民,又是家庭的成员,不管是哪一个角色,都应该互尊、互敬、互爱、互助,做一个有责任感的人,勇于承担义务的人,富有爱心的人。只有家庭和睦,社会才能安定,国家才能昌盛。

故事链接

朱显不分祖产

在元朝真定,有一个叫朱显的人。他的祖父去世时,将财产等分为三份,分别给了朱显兄弟三人。后来,朱显的哥哥不幸过世,留下几个嗷嗷待哺的孩子,孤苦无依。

朱显非常难过。他把侄子们看作自己的亲生骨肉,悉心地照顾着。侄子们年纪小,无法自立。朱显想:如果按祖父的意愿,把财产均分,兄弟各奔前程的话,那谁来照顾、关心、教育侄子们呢?如果没有人帮助侄子们撑起这个家,往后的情形会怎样?

想到这里,他把弟弟朱耀找来,商量说:"父子兄弟,本是同气连枝,不可分离。现在,哥哥离开我们了,他的孩子们这么小,无论是从情理上讲,还是从道义上讲,我们都应代替哥哥,履行长辈应尽的责任,把

大学

侄子们的生活安顿好,让他们没有后顾之忧。所以我们不能分家,而应该全心全意地维护好这个家!"

弟弟听后,想到平日里哥哥总是默默地关怀这年幼的侄子们,而今,他又为了侄子们决定不分这笔丰厚的遗产,由大家庭担负抚养侄子们的重担,不由得对哥哥产生了敬佩之情。

于是,他们一同来到祖父的墓前,把祖父留下的分产证明焚毁了。从此,一家人继续其乐融融地生活在一起,互相关怀,互相照顾,非常温馨。

宜兄宜弟

《诗》云❶:"宜兄宜弟。"❷宜兄宜弟,而后可以教❸国人。

注释

❶ 云:说道,引文。
❷ "宜兄宜弟":引自《诗经·小雅·蓼萧》。
❸ 教:教育。

解读

《诗》中说道:"兄弟之间要和睦相处。"如果兄弟之间能够和睦相处了,然后才可以去教育国人,只有自己做到了才能够去感化别人。

十、治国

感悟

古人云：家和万事兴，家齐国安宁。由此可见，家庭对于社会的意义是举足轻重的，对于个人而言又是不可或缺的。

家是人生旅途的港湾。和睦家庭中各成员间感情、兴趣、爱好、谈吐等能默契和谐，彼此相处融洽，互谅互慰，充满温暖，家成为爱、尊重、责任、谅解、幸福、温暖所组成的共同体。

和谐的家庭不仅是人心灵休憩的美丽港湾，更是人取得事业成功的重要条件。家庭和睦就会激发人的创造精神，就会令人产生无穷力量，就会鼓舞人战胜一切困难的必胜信心，从而充分发挥自己的才能去迎接挑战、去参与竞争、去创造奇迹、去实现人生的辉煌。

处理好家庭人际关系，用心去爱，家庭成员各自担负起自己的责任，在共同的生活中，用爱和尊重，用关心和信任，用谅解和宽容，用支持和帮助化解隔阂，融会亲情，那么每个家庭都会幸福美满。

故事链接

姜肱兄弟情深

姜肱，字伯淮，东汉彭城广戚人，家世名族，一生不肯做官。姜肱有两个弟弟，一个叫姜海，一个叫姜季。兄弟三人手足情深，非常友爱。

有一次，姜肱跟他的大弟弟一同去京城，结果半夜路遇强盗。

月光下，强盗面目狰狞，手里拿着明晃晃的长剑，一步步逼近抱在一起的两兄弟。

突然，哥哥将弟弟推到后面，说："你杀了我吧，我弟弟还小，希望

大学

你放他一条生一路。"

这时,后面的弟弟也走上前来,说道:"不!你不可以伤害我哥哥,还是杀我吧!"

盗贼被兄弟俩的手足之情深深地感动了,只抢了一些财物便匆匆离开了。到京城后,有人见姜肱衣冠不整,就问他:"出了什么事?"

姜肱摇摇头,绝口未提被抢的事。后来,事情辗转传到了盗贼的耳朵里,他非常感激,悔恨交加。第二天,他跑去请求拜见姜肱,表示自己要痛改前非。

在姜肱兄弟的影响下,周围十里八乡的人们互敬互爱,和睦相处,过

着幸福的生活。作为兄弟，就应该像姜肱三兄弟一样，相亲相爱，互相帮助吧。

紫荆树促兄弟和睦

那是在隋朝时，有一户姓田的人家，家里有田真、田庆和田广三兄弟。他们各自成家后就决定分家。家分到最后，只剩下庭院中那棵开满紫红色花朵的紫荆树了。看着紫荆树，哥哥田真叹息道："田家的历史有多长，紫荆树就有多老。"

田庆不以为然地说："留树也没什么用，还是把它分了吧。"

幼弟田广说："我们干脆把它砍成三份，一人分一份，还能卖个好价钱呢！"

田真说："使不得！我们怎么忍心伤害这些美丽的花朵和叶子呢？这棵树是我们家族繁盛的见证啊！"

田庆说："哥，你别再固执了，谁还会注意到这棵老树呢？"

田真听后，只好决定第二天分树。第二天，原本茂盛挺拔的紫荆树枯萎凋零了。三兄弟见到这种情形，开始痛切地忏悔："为什么我们一定要分家呢？连树都觉得伤心，不想再活了，难道我们就不感到羞愧吗？"

这时，田真说："我们为什么不能像从前那样生活呢？'兄弟同心，其利断金。'我们应该和睦共处，团结一心啊！"

说完，兄弟三人的手紧紧地握在了一起。他们在紫荆树前把分家的契约烧毁了，决定共同经营幸福的生活。

听到兄弟三人的决定，紫荆树的头抬起来了，叶子又变绿了。

大 学

其仪不忒，正是四国

《诗》❶云："其仪❷不忒❸，正是四国❹。"

注释

❶《诗》：指《诗经》。
❷ 仪：仪表，仪容。
❸ 忒：差错。
❹ 四国：四方各国。

解读

《诗》中说道："作为君主，他拥有威严的仪表是没有什么差错的，这正可以表现出他正义凛然的一面，同时，也可以表现出他在领导四方国家时的决心。"

感悟

中国古代儒家修己安人的思想是以端正己身为根本，讲"修身、齐家、治国、平天下"，重在正心。只有在治理好家庭的前提下，才有可能中正地办理好国家事务。

十、治国

故事链接

忽必烈以整洁取人

衣着往往体现一个人的风度气质和自我修养，展示着一个人的精神风貌。在社交场合这样做，既表示了你尊重对方，同时也维护了你的自尊。

在中国这个古老文明的国度里，历来注重在社交中如何待人、以什么形象与人交往的问题。在衣着方面，很早就形成了一种共识：与人交往，衣着要整齐、干净、美观、合宜。衣冠不整是一种既不礼貌又失自尊的行为，被认为是人际交往中的大忌。

衣着看似是生活中的细小之事，但它与人的社会形象、思想文化等方面密切相关，不可小视。我们虽然不能完全以衣冠取人，但有时人的衣冠，的确能在一定程度上反映出一个人的思想水平、文化修养。仅从这一点来讲，以衣冠取人又有其合理的一面，中国古时候忽必烈就曾以衣冠不整辞掉了应召者。

忽必烈是元代皇帝。关于他的历史功过，我们在这里且不去评说，但有一件事一直被后人传为佳话：

据说忽必烈在位期间，有一次胡石塘应召入京，在元世祖忽必烈召见时，胡石塘没有发现自己所戴的帽子歪斜着，显然是一副衣冠不整的形象，开始忽必烈并没有直言这件事，而是先问他都学过什么。

胡石塘答道："治国平天下之学。"

忽必烈笑着说："你连自己的一顶帽子都戴不端正，还能平天下吗？"于是便没有起用胡石塘。

胡石塘因为一顶帽子戴歪了，便丢了官，听起来似乎是一则历史笑话。后人不少都责怪忽必烈在着装方面的要求太严厉，不应以衣帽取人。这话也不无道理。

但从另一个角度看，从一个人的衣着打扮上，确实可以看出他的个性、修养，以及由此推测他的工作作风、生活态度，这不是没有道理的。服饰往往能给人起到看外表知内相的作用。

自从我们的祖先告别了野蛮蒙昧时代，踏进人类文明社会的门槛之后，衣着服饰也随之进入了文明时代，衣着从满足蔽体御寒的需要逐步进展到审美的需要，并开始为人类交往服务。

不同时代、不同地区、不同民族，形成了丰富多彩、风格多样的服饰文化。就衣着展示文化身份来说，我国古代文人墨客的一方角巾和一把折扇、20世纪30年代青年的一件长袍和一条围巾、50年代的一件中山装和一支钢笔，都显示出知识分子的高雅。

从中国古代衣着服饰的变化发展中，我们可以看出，随着社会活动的日益发展、复杂，衣着服饰的穿戴也根据场合的不同而有了差异。

用衣着服饰来展示社会地位和等级差别，这固然是封建糟粕，但人们应根据交往场合的不同穿着相应的服饰，已成为我们这个古老民族待人接物中的一种良好礼仪世代延续下来并构成我们民族以礼待人的一部分，应当发扬光大。

其为父子兄弟足法

其为父子兄弟足法，而后❶民法❷之也。此谓治国在齐❸其家。

十、治国

注释

① 而后：以后，后来，然后。
② 法：仿效。
③ 齐：整治。

解读

只有当一个人无论是作为父亲、儿子，还是兄长、弟弟都值得人效法时，老百姓才会去效法他。这就是要治理国家必须先管理好家庭和家族的道理。

感悟

本节继续申明治国先齐家的道理，将治家之法推及治国之法。其身正，才可以为民之法式。

故事链接

范仲淹教子勤俭家风

范仲淹是北宋时期著名的军事家、政治家和文学家。他一生非常俭朴，"先天下之忧而忧，后天下之乐而乐"，为后人所称颂。

范仲淹小时候家境非常贫苦，十多岁他才上学。他读书很专心，而且生活相当艰苦。范仲淹常常自己煮些粥，等它凝成冻子以后，用刀划成四块，早上吃两块，晚上吃两块，这就是一天的餐食。

后来范仲淹到应天府南都学舍求学，同窗好友看他生活很清苦，就从家拿来许多美味佳肴，几天后好友发现这些好吃的他一点也没动，就非常生气。

范仲淹却说："我多年吃粥已经成了习惯，如果骤然吃起这么好的美味佳肴来，恐怕以后就再也不想喝粥了。"就这样，范仲淹历经艰苦，刻苦学习，最后官至参知政事，但在他的生活中始终保持勤俭的作风。

到了晚年，范仲淹官场不得志，又和当时的隐士林逋有来往，有人猜测他似有退隐之意。不少人劝他二儿子范纯仁"要给他老人家安排一个栖身之地"。

纯仁就找到弟弟纯礼商量要在河南府给父亲建造一处宅第和花园，一来可以作为父亲晚年欢愉之所，二来也算做儿子的一片孝心。

范仲淹听了摇着头说："不成！不成！"

纯礼说："爹爹，河南府建了那么多宅第，我们怎么就不能营建呢？"

范仲淹语重心长地说："孩子，一个人假若有了道义上的快乐，即使是赤身露体地躺在漫天野地里，心里也是高兴的。何况我还有房子住！我早就说过：士当先天下之忧而忧，后天下之乐而乐。我怎么能无忧无虑地一个人去享清福呢！我现在担忧的是那些身居高位的人不愿从高位上退下来，不担忧自己退下来以后没有好的居住条件。关于建造宅第的事，你们永远不要再提了。"

范仲淹一生俭朴，虽官居高位，也还是节衣缩食，清淡俭约。而且对孩子们要求得也非常严格。

八月中秋的一个晚上，晴朗的天空，悬挂着一轮皎洁的明月。范仲淹家的院子里，月光像水银一样铺洒了一地。房前的竹丛旁边，放着一张竹茶几。茶几上边供着一炉香，摆列着几碟瓜果和月饼。

十、治国

这时,小儿子纯粹仰着小脸问:"爹,今天过节,咱们家怎么不吃好吃的呀。"

纯仁对弟弟小声说:"弟弟,爹爹有规矩,咱家不来重要客人,是不吃好吃的呀。"

范仲淹看着刚满五周岁的小儿子范纯粹,感慨地说:"唉,我小时候,你们的奶奶领着我逃难到了山东。后来上学,因为家里穷,每天只能喝两顿稀粥。刚开始做官的年月里,我的俸禄少,尽管我和你们的母亲省吃俭用,也没让你奶奶吃过什么好东西。后来我的俸禄多了,你们的奶奶又早早地离开了人间。你们的奶奶真是苦了一辈子呀!"

说到这里,范仲淹的心里很难过。他看着孩子们,除了纯粹仰着小脸听父亲说话,纯仁、纯礼都低着头,显出十分悲痛的样子。

"可是,你们兄弟几个,从小就没有吃过苦。现在我最担心的是你们会不会丢掉咱范家勤俭的家风。"

到了纯仁娶妻时,纯仁心想:结婚是人生中的大事,绝不能办得无声无息的,况且父亲又是个大官,不知有多少人要来贺喜呢。于是,他把打算购买的许多贵重物品,列了一张清单,请求父亲批准。

范仲淹拿着清单,越看眉头皱得越紧,他摇了摇头,生气地对儿子说:"太过分了!哪能为婚事这么浪费?你这个清单,我得划去多半!"纯仁听了,就像被兜头泼了一盆冷水,心里非常不高兴。

范仲淹走到儿子身边,拍着他的肩膀,语重心长地说:"孩子呀,不是爹舍不得为你花钱,如果你过惯了荣华富贵的日子,就吃不了一点儿苦了。"

经过爹爹的教诲,纯仁终于冷静下来了,让爹爹为他修改了清单,比较简朴地办了婚事。

纯仁结婚后,他的媳妇以罗绮为幔帐,范仲淹听了非常生气。他说:"我家向来清俭,用罗为幔,岂不是乱了我们的家法?如果他们敢这样做,我一定要在院子里把它烧掉。"

纯仁和纯礼想起爹爹平时的教诲,急忙说:"爹爹,请您不要担心,我们一定要保持住咱们的家风。"

"那很好!这样我死以后也就瞑目了。"纯仁、纯礼走了以后,范仲淹的心无论如何也平静不下来。他为子女能保持勤俭的家风而感到欣慰。同时,他又感到自己年纪大了,而且身体也越来越差,但多年节俭而积蓄的那些俸禄又怎么使用呢?范仲淹坐在那里,反复地思考着。

这天,范仲淹把纯仁纯礼叫来说:"我年纪大了,不过这些年来我还积存了不少钱财,你们看应该怎么办呢?"纯仁和纯礼低头思想,没有吱声。

"怎么,留给你们几个分掉?"

"不!不!我们不要。"

范纯仁脑子里一转,马上说:"爹爹,你在边防时曾把钱财送给了穷苦的兵士;在应州和邠州时,又善施给了那里的百姓。如果你还像过去那样,把积存的俸禄用来周济他人,不是很好吗?"

范仲淹听了纯仁的话,心中暗暗高兴。他说:"是啊!我是想这么做的。我做官几十年,虽然泛爱乐善,广施于人,但对咱们老家的族人还没有办过什么事情。我想把这些剩余的俸禄在吴县买上千亩良田,作为义庄,养济族人,使范姓之民日有食,岁有衣,嫁娶凶葬都有些补贴。你们看怎么样?"

"爹爹说得极是,孩儿从命。"

范仲淹又说:"这件事我已考虑了很久,还准备在族人中收一名义子，代我管理义庄。"

他停了一会儿，又告诫孩子们："将来你们做了官，要保持好咱们的家风，千万不能只顾自己享乐，要先忧天下之人，要为国家和百姓多做些事情。"

公元1052年春，范仲淹又调往颍州。他在往颍州上任的途中病逝，终年六十四岁。当时人们无不为这个爱国爱民的清官而悲哀，都赞叹范仲淹的高尚情操。

范仲淹一生俭朴，"先天下之忧而忧，后天下之乐而乐"的美德，为后人所称颂。

杨翥让地三尺

忙过了一天公务，明朝礼部尚书杨翥缓步走出衙门。春天的暖风吹来，使人感到舒适、惬意。

他伸伸懒腰，吩咐等在衙门口的用人："回府。"

用人们连声应道："是，老爷。"杨翥登上轿子坐下，此时，他才感觉到有些疲劳。他微微闭上眼睛，不大功夫，竟进入了梦乡。

忽然，一阵争吵声使他惊醒了。杨翥抬起头，伸手撩起不大的轿帘向外看。原来是路边两个中年女人吵架。

那吵架的女人一胖一瘦，两个人怒目而视，互不相让。胖女人指着脚下的地喊："想占我家的地，妄想！"

瘦女人同样指着脚下的地，喊："你家的地？谁说的？分家的时候，明明分给我家的，现在怎么会成了你家的！你不是在做梦吧？"

胖女人冲上去，一把揪住瘦女人的衣襟，推推搡搡地说："你说什

大学

么？分家时分给你家了？胡说八道。公公的话我记得清清楚楚，说这片地分给我家。你的脑子让狗吃了？"

瘦女人不甘示弱，也伸手揪住胖女人的衣襟，说："你放开手！"

胖女人说："我不放开！你不讲理，我饶不了你！"

大概轿夫也被吵架的女人吸引住了，脚步越走越慢。杨焘明白了，这两个女人是妯娌,为争脚下土地而争吵,眼看越吵越烈,快要打起来了。

杨翥叹了口气,自言自语说:"唉,这是何苦呢!"

杨翥很想停下轿子,下去劝一劝那两个女人,为了一点小事不要争吵不休,更不该动手打起架来。可是他的身份,又使他打消了下轿的念头。

是啊,作为当今礼部尚书,怎好为妯娌打架而抛头露面呢!轿前开道的人正要去呵斥那两个吵架的女人时,突然从屋后跑出一个中年男子。

他一把拉住胖女人,说:"受了什么魔怔,疯疯癫癫与人家争吵?真不像话!快放手!"胖女人放开手。

那男子瞪了胖女人一眼,说:"快回家去。"胖女人悻悻地转身离去。

那男子又向瘦女人说:"嫂子,请原谅她,她做得不对。不管当初爹活着的时候怎么说的,这块地您尽管用。"

那瘦女人望着那连连道歉的男子,忽然呜呜哭了起来,说:"好兄弟,我不是要争这块地,我是要争这口气呀!其实,用不用这块地,没什么要紧。只怪我心眼儿小,与弟妹争吵,望兄弟不要见怪。"

那男子点点头,说:"自从哥哥病逝以后,嫂子拉扯着侄儿们,也不容易。嫂子不要再说了,这地您用吧!"

听到这里,杨翥掀开轿帘,对开道的下属说:"往前走,不要管他们了。"

看到那个大度豁达的男子,杨翥心中称赞说:"好!好!"

又走了半里路,杨翥到了家。他先到书房歇息了一会儿,等待吃饭。不大功夫,夫人走进书房。杨翥抬头,笑着问:"夫人来请我吃饭?"

夫人摇摇头,说:"饭还没有做好。老爷,我来是有事相告。"

杨翥说:"夫人请讲。"

大学

夫人向前走了几步，说："本来不想将这些杂事告知老爷，可此事不讲，又觉不妥。大概是因为春天到来，许多人家动土，或种植，或修建。咱家西侧邻居今日修了一条篱笆，占去了咱家宅地一二尺。"

听到此处，杨翥笑了，心中说："真是巧合，今日路上亦遇到此类之事。"夫人接着讲："按说，邻人多占我家宅地是不对的，可是，可是……"

"可是什么？"杨翥说道。

夫人犹豫了一会儿，说："我意是说，区区一二尺地，我们就不去计较了，不知老爷以为如何？"

听了夫人的话，杨翥笑了，说："夫人所言甚是，我赞成。"

夫人也笑了，说："我看出来了，你又要诗兴大发，写首新诗了。"杨翥点点头，说："夫人猜中了，我有四句诗，待我写来，请夫人指教。"说罢，杨翥提笔铺纸，写下了四句：

余地无多莫较量，一条分作两家墙。
普天之下皆王土，让他三尺又何妨。

十一、平天下

所谓平天下

所谓平天下，在治其国者：上老老❶，而民兴孝；上长长❷，而民兴弟；上恤孤，而民不倍❸。是以君子有絜矩之道❹也。

> **注释**
>
> ❶老老：尊敬老人。前一个"老"字作动词，意思是尊敬、尊重。
> ❷长长：尊重长辈。前一个"长"字作动词，意思是尊敬、尊重。
> ❸倍：通"背"，背弃。
> ❹絜（jié）矩之道：是以推己度人为标尺的人际关系处理法则，指内心公平中正，做事中庸合德。絜，度、衡量。矩，尺子。引申为法度、规则。儒家以"絜矩"来象征道德上的规范。

> **解读**
>
> 所谓使天下太平在于治理好自己的国家，这是因为处上位的人孝敬老人，就会兴起孝敬之风，处上位的人尊敬长辈，就会兴起敬上之风；处上位的人怜惜孤寡，民众就不会互相背弃。因此，君子应该在道德上起到规范和示范的作用。

大学

感悟

只有热爱自己生命的人，才能真正地爱人。爱人，必先从爱敬自己的父母兄弟开始。能够敬孝父母，敬爱兄长，自然就会深怀爱心，也就能够热爱他人。孝行，是每一个人都能做到也应该能够做到的，是作为人所负有的一种历史使命。做人有良心，就应遵奉孝的伦理，上敬父母祖先，下为子孙做出模范，构建"德业相劝，过失相规，礼俗相交，患难相恤"的健康和谐之风。

故事链接

郯子扮鹿孝父母

郯子是我国东周时期一个叫郯国的小国家的国君，他的孝名远近闻名。他的父母年老时，都患了很严重的眼疾，为此，郯子非常焦急，为了救治父母的病，他想方设法四处求医。他听医生说，治这种病最好的办法是食用鹿乳。

但是，鹿乳在市场上买不到，到哪儿去找呢？即使到深山里去找，鹿一见到人，也会一溜烟儿逃走的呀！该怎么办呢？郯子冥思苦想，终于想出了一个办法。他化了妆，找来一张鹿皮披在身上，还在头上安了假角，然后趴在地上左蹦右跳的，远远看去，极像一头顽皮的小鹿。

郯子就这样扮成小鹿，学着鹿走路的样子，学着鹿"呦呦"的叫声，混进了鹿群中，取母鹿的乳汁给父母亲治病。

一次，郯子忽然发现林中有一支箭对准自己。他意识到，那是猎人的箭，猎人并不知道他是一只"假鹿"。

十一、平天下

慌忙中他赶紧站起来,迎着利箭大喊:"别射!别射!我是人!"猎人被郯子的孝心、孝行深深地感动了,竟然表示以后再也不射杀鹿了。

郯子为了给父母取回治眼疾的鹿乳,差一点被猎人射死。他的这种孝心真是感天动地。我们也要孝敬父母,为父母做一些力所能及的事。

庾黔娄以孝为先

庾黔娄,字子贞,南朝齐人。庾黔娄被派到孱陵当县令。赴任不满十天,他突然觉得心跳加快,额头上的汗珠簌簌往下落。

俗话说"父子连心"。黔娄心想：一定是年迈的父亲病了。于是，他决定辞官回家。衙门里的人听说后，纷纷劝他三思。可是，庾黔娄毅然谢绝了众人的好意，立即起程回家。果然，父亲真的生病了。

黔娄不顾疲劳，找来最好的大夫为父亲诊断病情。大夫告诉黔娄说："如果你想知道病情严重与否，就去尝尝你父亲的粪便。如果是苦的，就很容易医治。如果是甜的，就不好办了。"

黔娄听后，想都不想就去尝了父亲的粪便。在场的人都被他的孝心深深地感动了。黔娄尝出了一丝甜味，说明父亲的病很严重。这让他忧心如焚。白天，他亲自服侍父亲。晚上，就向北斗七星磕头祈求，希望能以自己的身体代替父亲承担病痛。

可是，黔娄的愿望破灭了。不久，父亲就去世了。黔娄在守丧期间非常悲恸，常常因思念父亲而泪流满面。

庾黔娄不顾名利，辞官侍奉父亲，又亲尝父亲粪便为其断病。这样的孝行人间少有，是为人子女的楷模。

所恶于上

所恶于上❶，毋❷以使下；所恶于下，毋以事上；所恶于前，毋以先后；所恶于后，毋以从前；所恶于右，毋以交于左；所恶于左，毋以交于右。此之谓絜矩之道。

十一、平天下

注释

① 所恶于上：厌恶上级对待下属的态度。
② 毋：不要，不可以。

解读

如果上级做了令自己厌恶的事，就不要用来对待下级了，下级做了令自己厌恶的事，就不要用来对待上级了；前辈做了令自己厌恶的事，就不要用来对待后辈了；后辈做了令自己厌恶的事，就不要用来对待前辈了；厌恶右边的人所做的恶事，就不要把同样的恶行加在左边的人身上；厌恶左边的人所做的恶行，就不要把同样的恶行加在右边的人身上。这就叫作道德上的规范所起的示范作用。

感悟

礼仪法度，不仅是一个人生活的规范，也是一个人修养的体现，而且更是人与人之间的根本秩序。人之所以为人，就在于有自我反省的能力，不断地自觉积累，实现人格的提升。

人具有与生俱来的善良的天性，是道德的主体。但更重要的是必须进行后天的磨炼和砥砺，使自身的道德品行臻于完美，日趋高尚。因为，人总是时时受到各种私欲的诱惑，从而会在不经意间被欲望所俘虏，做出不合规范的事情，而致使纯真的本性受到玷污。

因此，在人世间生存，就应当时时注意向各种人学习，借鉴他们的专长与过失，从而使自己能够自如地处在人际关系的旋涡之中，并使自己的人格日趋完美，提升自己的道德修养，竭力克己复礼，留下为人所称道的德行。

大学

故事链接

孔子拜三贤为师

孔子是我国古代的大教育家、大思想家,儒家学派的创始人。可是,人们又会问他:你的老师又是谁呢?孔子说:"我不是生而知之者,是学而知之的人。"孔子又说:"三人行必有我师焉。择其善者而从之,其不善者而改之。"

由于家境清贫,孔子十五岁时才有志于学问。孔子为了弄懂"礼",从山东走到河南,一拜老聃为师。老聃为他讲学,在临别时,老聃说:"富贵的人送人以钱财;有学问的人送人以言……我就送给你几句话吧!"

孔子听了老师的话,受益不浅。后来,他又二拜鲁国乐官师襄子为师。开始学琴时,孔子一连十几天总是反复弹拨着同一支琴曲。师襄子见孔子弹得已经十分娴熟了,就对他说:"你可以换一支曲子进一步练习了。"

孔子却回答说:"我只学会了乐曲表面形式,对节奏内容还不了解。"于是,孔子又继续练习。

过了几天,师襄子在倾听琴音时,他感到孔子已经领会了乐曲的意境,可以学习一些更加复杂的乐曲了。孔子却摇摇头说:"我虽然已经体会了乐曲的意境,但作曲的是个什么样的人,我还没有体会出来。"

于是,孔子又弹了一些时间。当他轻轻放下琴,站起来望着窗外若有所思时,师襄子问他有什么体会,孔子说:"我倾听着琴音,似乎看到了一位个子高高的、目光远大、慈爱安详的长者,这不是周文王又是谁呢?"

十一、平天下

师襄子称赞道："你说得完全对啊！"就这样，孔子学会了乐曲，并且十分精通。

在这之后，孔子又三拜苌弘为师。苌弘是个大音乐家，对音乐有很深的造诣。孔子拜他为师，请教律吕之学。他虚心听取着苌弘的指导，不懂就问。孔子说："勤学，不耻下问，才能学到本领。"

孔子不仅这样说，也是这样做的，他取得了青出于蓝而胜于蓝的实效。由于孔子多方面拜能者为师，他掌握了多种学问和本领，成了大思想家、大教育家和大学问家。

乐只君子，民之父母

《诗》云："乐❶只❷君子，民之父母。"民之所好好之，民之所恶恶之，此❸之谓民之父母。

注释

❶ 乐：快乐，喜悦。
❷ 只：语气助词，啊，哉。
❸ 此：这，这个，与"彼"相对。

解读

《诗》中说道："一个快乐的君子，就如同是民众的父母。"也就是说，他喜欢民众所喜欢的，厌恶民众所厌恶的，这就叫作民众的父母。

大 学

感悟

所谓伦理就是世间万物所具有的、世人都应遵守的千古不易的规律，就是认清自己所处的位置，并使自己的言行与此相符。

在家天下的封建时代，官员总是以民之父母自居，"爱民如子"是他们奉行的官箴。于是"父母官"的遗风数千年来盛传不息，以至在当今社会依然能够感受得到。细想一下，古代社会的朝代更替直至最后的消亡，其关键就在于为政者本末倒置，颠倒了自身与老百姓的关系。

其实，不论职位高低，都是为民众服务，是人民的公仆，是人民的儿子，竭诚为民谋利，体现的是一片赤子之心。

故事链接

唐太宗以民为重

唐太宗李世民，生于武功之别馆，是唐高祖李渊和窦皇后的次子，唐朝第二位皇帝。

当时的唐朝，是在隋末天下大乱的基础上建立的。连年的战乱，使社会经济遭到严重的破坏。黄河以北许多地方，旷野千里不见人烟；江淮之间，田地里到处长满野草。全国人口只有三百万户，只有隋朝极盛时人口的五分之一。

庞大的军队，众多的官员，只能靠苛捐杂税维持。老百姓受不了，只好弃地逃亡，流浪他乡。土地荒芜太多，又造成了粮食奇缺，长安粮价最贵时，一匹绢才能换到一斗米。

如何把国家从危机边缘解脱出来？李世民冥思苦想，逐渐悟出了"民

十一、平天下

为邦本"的道理。

他对大臣们说:"君主依靠国家,国家依靠百姓,靠剥削百姓来侍奉君主,等于割自己的肉充饥。""人君的灾祸,不是从外面来,总是自己造成的,人君贪欲太多就要多费财物,多费财物就要加重税收,税收加重了百姓愁苦,百姓愁苦国家就危险。""治国好比种树,树根牢固,树叶就茂盛了。所以,为君之道,必须先存百姓。"于是,他听从大臣魏征与民"安静"的意见,采取了一系列利国利民措施:

第一是减轻赋税。对山东等一些受灾严重的地方,甚至免税一年。个

别地区，他还安排救济饥民。

第二是大力兴修水利，促进农业生产。

第三是想方设法增加人口。他派使者与突厥谈判，让其归还掳去的中原百姓；同时下令放逐长期被关在宫中伺候皇上的宫女三千人。另外，还规定凡是到了一定年龄未成家的男女青年，由州、县官帮助他们及时结婚。

第四是尽力克制自己的欲望。他提倡节俭，反对奢费，不但自己住在前朝留下来的旧宫殿里，不劳动百姓大兴土木，而且还规定了王公以下的住宅、车服、婚嫁等的标准，不准任何人超越规格。

第五是认真贯彻他父亲制定的均田制，实行计口授田，规定每个丁男应有田三十亩，努力使老百姓有田种，有饭吃。

为了促进农业生产，他不但组织委派官员到各地"劝课农桑"，而且还亲自在宫廷后面开了几亩地，带头种起了庄稼。他的妻子长孙皇后见皇帝在"躬耕"，便也立即组织起后宫的妃子、宫女，学农村妇女的样子，养起蚕来。

皇帝和皇后的行动，不但对当时农业生产的恢复和发展起到了较好的推动作用，而且通过亲身对劳动的体验，也使他们真正体会到了农业生产的辛苦，在一定程度上缩短了同劳动人民感情上的距离。

有一次，他对即将分赴各地"劝农"的使者说："我才试种了几亩地，就感到很疲乏。我想，农夫种田几十亩，终年不息，他们就更加辛苦了。所以你们到州县去，一定要亲自到田头垄间去看看，不得叫人迎送。如果送往迎来，误了农时，这样的劝农还不如不去。"作为一个封建帝王，如果没有亲身的劳动实践，是说不出这番话的。

李世民登基当了皇帝的这一年八月，夏天的酷暑还没有消去，连

十一、平天下

绵的秋雨就接着来了。李世民过去在战斗中多次负伤，每逢阴雨天气，伤处就隐隐作痛。有的大臣提议建一座高而干燥的新宫殿，让皇帝避潮湿。李世民也希望改换一下住所的环境，当时也就同意了。可事后他找了几个工匠计算了一下耗费，需要花不少的钱。李世民犹豫了，他想，战争刚刚结束不久，国库十分空虚，为了自己舒服，花这么多钱值得吗？

他联想起汉文帝的故事来。当年汉文帝曾打算建一座露台，后来听说要花费一百斤黄金，就舍不得了，认为一百斤黄金相当于十户中等人家的财产，不想劳民伤财，就把那个项目停了。李世民对建议修殿的大臣说："我的功德不如汉文帝，但修殿耗费却超过了一百斤金子，这件事还是不要办了！"

由于李世民采取了许多有利于生产、有利于人民的措施，加之他本人能够以身示范，以民为重，爱护民力，满目疮痍的中国大地，慢慢地复苏起来，并以较快的速度得以发展，终于达到了唐代政治、经济的最高峰，那就是历史学家们津津乐道的"贞观之治"。

节彼南山，维石岩岩

《诗》云："节①彼南山，维石岩岩②。赫赫师尹③，民具尔瞻④。"

注释

❶ 节：高大雄伟的样子。

❷ 岩岩：累累堆积的岩层险峻的样子。

大 学

③师尹：太师尹氏，太师是周代的三公之一。
④民具尔瞻：人民都看着你们啊。这是一句宾语前置的倒装句，具通"俱"，都的意思。这句话实际语序为"民俱瞻尔"，民是人民的意思，瞻是注视、观望的意思，尔是你、你们的意思。

解读

《诗》中说道："那座巍峨的终南山啊，层峦叠嶂，显得多么危险啊。权势显赫的尹太师啊，人民都看着你们啊！"

感悟

本节引用《诗经》为喻，阐明平天下要出于公心，不能偏私，否则将会大失民望，被人民推翻。偏私就不能正确判断事物，好恶颠倒，脱离人民。

故事链接

刚直公正的狄仁杰

狄仁杰是唐代重要官员。他为官廉洁奉公，刚直不阿，敢于惩恶扬善，历任官职，皆有德政。

唐高宗李治在位时，有两位将军不小心误砍了唐太宗李世民陵墓上的一棵柏树。唐高宗闻知后大怒，下诏处死他们。

百官们虽然都知道两位将军罪不当死，但都不敢开口说话。只有狄仁杰站了出来，力谏两人罪不当死。

狄仁杰说道："汉朝曾有人偷盗高庙中的玉环，汉文帝盛怒之下，欲

十一、平天下

灭盗贼九族,有大臣谏道:'如果有人取了皇陵上的一抔土,又当如何处置?'于是汉文帝打消了灭九族的念头,并且依照当时的法律对之进行了合理的惩处。可见国有国法,凡事应当按照国家的法律来量刑。如果陛下今天因为两位将军误伐一棵柏树便要将他们置于死地,那么后人将如何看待陛下?"这番话说得有理有据,唐高宗怒气全消,不但免了两位将军的死罪,还将狄仁杰升任大理寺丞,负责管理刑狱。

大理寺的官员办事效率很低,积压了大批陈年旧案。而且由于一些办案官员的昏庸贪黩,致使冤枉者甚众。百姓们为了打官司,耗费了大量财力,政府也因此增加了巨额的开支。

狄仁杰上任后,为了解除积弊,免去百姓的痛苦,殚精竭虑,夜以继日,在短短的一年之中,就决断积压旧案,涉及一万七千人,平均每天判案五例,效率之高,令人震惊,而且判决公正,没有诉冤者。

当时唐高宗有个宠臣叫王本立,被封为左司郎中,常常自恃有皇帝相护,飞扬跋扈,无法无天。许多人碍于皇上,都让他三分。偏偏狄仁杰不信治不了他。

狄仁杰收集了王本立干坏事的罪证,并一条一条清楚地写奏本上奏皇帝。唐高宗起初想纵容王本立,但是狄仁杰谏道:"朝廷虽然缺乏人才,但并不是缺少像王本立这样的败类。如果陛下一定要赦免他,就请降罪于我,以为群臣之戒。"唐高宗毕竟理亏,也就只好听任狄仁杰处罚了王本立。一时之间,朝廷气象为之一新。

后来,狄仁杰出任宁州刺史。宁州是胡汉杂居区,民情复杂。官府和百姓之间的关系也很紧张。狄仁杰到任后,大力整肃吏治,并以身作则,倡行廉政。同时妥善处理各族关系,深得人心。

狄仁杰还多次为民请命,坚持反对权贵们乃至皇帝的贪污腐化的行为。他在任豫州刺史时,宰相张光辅率大军平息了越王李贞在汝南发动的叛乱。张光辅及其部下恃功自傲,向各地勒索大量财物,百姓深受其苦。狄仁杰坚决不给,怒斥张光辅杀戮降卒,以邀战功。他的一番话义正词严,掷地有声,张光辅无言以对,豫州百姓因此而免除了许多无理摊派。

武则天执政后,由于狄仁杰和以前一样,一直秉承公正之心,做人清廉,为官廉政,武则天曾高度赞扬他说:"狄仁杰无论是出去当地方官,还是做宰相都干得非常出色。狄仁杰是想让自己成为管仲、乐毅那样的名臣,他辅佐君主,想让君主成为尧舜那样的明君。"

狄仁杰一生,称得上是历职皆有德政。因此,千百年来人们一直传颂着他的事迹,把他看作古代清官的一个代表。

有国者不可以慎

有国者不可以慎,辟❶则为天下僇❷矣❸。

注释

❶ 辟:偏差。
❷ 僇(lù):通"戮",杀戮,引申为推翻。
❸ 矣:文言助词。

解读

作为一个能够统治国家的人来说,在做任何事情的时候都应该谨慎小

十一、平天下

心,如果自己的所作所为稍有偏差,那么,他就会被天下百姓所推翻。

感悟

"礼为天理之节文,人事之仪则。"周公为了政权的巩固,他根据夏商两代治理国家的经验教训,以及周人先祖以德治国的方略,"制作礼乐",修订了礼法,制定了各项制度,完善、确定了繁盛奴隶制社会的宗法制、分封制、世袭制等,被称为"周礼"或"周公之典",从而将周朝的统治以法律的形式固定下来,成为后人效法的成例。

周公送儿子伯禽去鲁国就任时,嘱咐儿子一定要谨慎治国,谦虚做人。他礼贤下士,常常"一沐三握发,一饭三吐哺",还犹恐失去天下贤才。他还把治理国家的经验和方法刻写下来,命人背着走在伯禽的前面,让儿子边走边学。

周公一生谨慎,为国事日夜操劳,从没有片刻松懈,为周王朝的统治和长治久安做出了不可磨灭的贡献。

故事链接

萧何为官居安思危

汉代初期主政者吸取秦代灭亡教训,居安思危,采取了与民休息的政策,轻徭薄赋,奖励农耕,以巩固新生政权。

萧何早年任秦沛县狱吏,秦代末期辅佐刘邦起义,后任刘邦的丞相,位列众卿之首。在无上的尊崇面前,他没有居功自傲,因为他一直相信"祸福相依",因此时时处处谨慎行事。

公元前195年秋,黥布起兵反叛,刘邦御驾亲征。萧何因为多有功劳,刘邦曾经对他恩宠有加。但刘邦身在军中,对萧何有些不放心,就多次遣使者问相国萧何在做什么。

萧何的身边有一名都尉率领五百名兵士做护卫,因为他圣眷日隆,众宾客纷纷道贺,喜气盈庭。萧何也非常高兴。

这天,萧何在府中摆酒席庆贺,喜气洋洋。突然有一个名叫召平的门客,却身着素衣白履,昂然进来吊丧。萧何见状大怒道:"你喝醉了吗?"

这位名叫召平的人,见萧何仍未领会他的意思,便说:"您不要再这样喜乐了,否则后患无穷!"

萧何不解,问道:"我进位丞相,是皇帝对我的宠眷,而且我遇事小心谨慎,不敢稍有疏虞,君何出此言?"

召平说道:"主上现在南征北伐,亲冒矢石。而您安居都中,不与战阵,反得加封食邑,我揣度主上之意,恐在怀疑您。您不见淮阴侯韩信的下场吗?"萧何一听,猛然惊出一身冷汗。

召平接着说:"您位极人臣,富贵之至,百姓们都亲附您。皇上之所以屡次派人来问您的情况,是怕您利用自己的威望图谋不轨。如今您何不买些民间田宅,败坏一下自己的名声,皇上对您就放心了。"

萧何恍然大悟,马上先是强买民间田宅,自污名节,然后低价卖了自己的封邑,并拿出许多家财,拨入国库,作为军需。

刘邦身在前方,每次萧何派人输送军粮到前方时,刘邦都要问:"萧相国在长安做什么?"使者回答,萧相国爱民如子,除办军需以外,无非是做些安抚、体恤百姓的事。

刘邦凯旋时,百姓们拦路上书,控告相国贱买、强买民间田宅,价值数千万之多。刘邦回到宫中,萧何去拜见,刘邦笑着说:"当相国的竟然

十一、平天下

侵夺百姓的财产，为自己谋利啊！"然后把控告信全部交给他，说："你自己去向百姓谢罪吧！"

萧何觉得对不起百姓，乘机请求说："长安一带地方狭窄，而上林苑中空地很多白白荒废，希望您下令让百姓进去耕种，他们收了庄稼，可以留下禾秸作为苑中禽兽的食料。"刘邦一听大怒，说："你一定收了很多商人的财物，替他们来算计我的上林苑！"下令交给廷尉法办，还给他上了刑具。过了几天，刘邦手下一个姓王的卫尉问刘邦："相国犯了什么大罪，陛下怎么突然把他关起来了？"

刘邦说："我听说李斯做秦始皇的宰相时，办了好事都归功于君主，有了过失则自己承担。现在相国却收了商人们许多财物，替他们求取我的上林苑，想以此讨好百姓，所以把他关起来治罪。"

大 学

　　王卫尉说："在自己职责范围内，事情只要有利于民，就为他们向君主请求，这真是宰相应做的事，陛下怎么怀疑相国是接受了商人的贿赂呢？况且，当初陛下在外征战多年，那时相国留守关中，如存异心，只要稍有举动，函谷关以西就不属陛下所有了。

　　"相国不在那时为自己谋利，现在难道会贪图商人的金钱吗？再说秦始皇就是因为不知己过而失天下，李斯为主担过的做法，又有什么值得效法的呢？陛下怎能如此浅见地怀疑相国。"

　　刘邦听了，心中虽不愉快，但还是当天就遣使赦免了萧何。

　　萧何当时已是六十多岁的老人了，见刘邦开恩释放了自己，更是诚惶诚恐，谨慎恭敬，立即回府沐浴，然后上朝谢拜天子之恩。

　　刘邦见萧何如此狼狈，便安抚萧何道："相国不必多礼。这次的事，原是相国为民请愿，我不允许。我不过是夏桀、商纣那样的无道天子罢了，而你却是个贤德的丞相。我之所以关押相国，就是要让百姓知道你的贤能和我的过失啊！"

　　刘邦的这段话虽然言不由衷，但对萧何的廉政为民，终于还是默认了。从此以后，萧何对刘邦更是诚惶诚恐，恭谨有加了。刘邦也照例以礼相待。

殷之未丧师

　　《诗》云："殷之未丧师❶，克配❷上帝。仪监❸于殷，峻命不易❹。"道得众则得国，失众则失国。

十一、平天下

注释

① 师：民众。
② 配：配合，引申为符合、秉承。
③ 监：鉴戒。
④ 不易：指不容易保有。

解读

《诗》中说道："殷朝在还没有丧失民心的时候，它还能够符合上天的旨意。借鉴殷朝，儆戒自己，遵行大命，真不容易啊！"这也就是说，统治者要遵循道就会得到民众的拥护，从而会得到国家；否则就会失去民心，从而会失去国家。

感悟

古之圣贤，必敬天，必畏民。敬天是敬畏天命变换，畏民是敬畏民心向背。

分析历史，我们不难发现，每一段辉煌之中，都毫无例外地闪现着一个盛世明君的身影，像汉高祖刘邦、唐太宗李世民、清康熙帝玄烨。他们统治着不同的时代，可他们却印证了同一个道理：得民心者得天下。

刘邦、项羽都是名载史册的英雄，可前者成就了千古伟业，后者却无奈自刎乌江，这难道真如项羽所言"此乃天意"吗？不是。考校刘邦、项羽二人的德能不难发现，项羽比刘邦更有才能，但项羽他恃才傲物，胸怀器度褊狭，一意孤行，只逞匹夫之勇，行妇人之仁，最终走向了灭亡。

相反，刘邦虽然没有什么过人的个人才能，但他善于听取良言，以德率众，身边谋士云聚，豁达坦荡，有着杰出的人格魅力，能与天下才德之士共谋善举。因此，他可以"运筹于帷幄之中，决胜于千里之外"，最终成为楚汉之争的胜者。

康熙皇帝玄烨，有着比刘邦更为出众的才华。一次，他去长城察看城墙的毁坏情况，面对破落的长城，大臣中有人认为要进行加固，以防外敌来袭。康熙却坚定地说："我要修筑的是百姓心中的长城，这比真正的长城坚固好几倍！"是啊，这是智慧的抉择。他多次微服私访，体察民情，用自己的真诚打动了百姓，最终赢得了百姓的认同，迎来了天下的安定。

故事链接

宋仁宗得民心而得天下

宋仁宗赵祯，北宋王朝的第四位皇帝，宋真宗的第六子。宋仁宗天性仁孝，对人宽厚和善，喜怒不表现于外表，也正是因为如此，他虽然不是嫡长子，却在八岁的时候就被立为皇太子，成为皇位的继承人。

公元1022年，宋真宗去世，年仅十三岁的赵祯登基称帝，因年纪太小，最初由太后刘娥垂帘听政。二十四岁时，刘太后病逝，宋仁宗开始亲政，直至1063年驾崩，一共做了四十一年的皇帝，也是宋朝在位时间最长的皇帝。

一般来说，二十多岁就掌权的皇帝，正是贪玩的时候，很多都沉溺于美女之中，从而荒废了朝政，而宋仁宗则是个例外。在位的几十年间，对下属宽厚以待，让百姓休养生息，使宋朝达到一个发展的顶峰。另外，宋仁宗任人唯贤，且胸怀宽广，即使大臣为了朝廷之事以下犯上，他绝不会进行惩罚。

著名的清官包拯，在担任监察御史和谏官期间，多次为了国家社稷之

十一、平天下

事犯颜直谏，撸起袖子就与皇帝争吵，甚至唾沫星子都喷了宋仁宗一脸。尽管如此，宋仁宗一边用袖子擦拭脸上的唾沫，一边为包拯竖起大拇指，接受他的所有合理建议。

公元1063年，五十四岁的宋仁宗驾崩，大宋朝野上下莫不哭号，举国哀痛，就连山沟里的妇女们也头戴纸糊的孝帽哀悼皇帝的驾崩。据《宋史》记载："京师罢市巷哭，数日不绝，虽乞丐与小儿，皆焚纸钱哭于大内之前。"

"仁政"一直是古代皇帝所追求的最高境界，但宋仁宗之前，没有一个帝王配得上"仁"之谥号。中国两千多年的历史，去世后能令全国百姓痛哭，乞丐主动烧纸的皇帝，也只有宋仁宗一人。

中山君有感于礼

中山君是战国时期一个小国的国君。有一次，他为了拉拢士大夫，巩固他的统治地位，便请在国都住的士大夫来参加宴会。

其中，有个叫司马子期的士大夫也应邀赴宴。酒过三巡，上羊肉汤了，每人一碗，唯独到司马子期座前，羊肉汤没有了。司马子期坐在席间，觉得很难堪，于是大为恼怒，退席而走，投奔楚国，劝楚王讨伐中山君，自己做楚王的向导。

楚兵一到，中山君匆匆逃跑了。在仓皇逃跑途中，有两个手持武器的人，紧紧跟随中山君左右保护着他。中山君并不认识这两个人，就问："你们是什么人，为什么要保护我呢？"

这两人回答说："大王您还记得吗？有一年夏天，麦子歉收，我们的父亲饿得躺在大路旁的桑树下边，眼睛都睁不开，马上就要死了。这时

大 学

您从这儿路过,看到我们父亲的惨状,赶紧下车拿出一壶稀饭,很有礼貌地给父亲喝了,父亲才免于饿死。后来父亲在临终时嘱咐我兄弟说:'中山君救我一命,你们俩要记住,在中山君有难时,一定要以死守卫中山君。'我们俩要与您共患难啊!"

中山君听完后,仰天叹息说:"给予人家的东西不论多少,主要是在他真正有困难的时候。失礼得罪人,怨恨不在深浅,在于使人伤心啊。我因为一碗羊肉汤失礼了,结果失掉了国家;因为一壶稀饭救了一个人,在危难之时得到了以死相报的两个人啊。"

十一、平天下

是故君子先慎乎德

是故君子先慎①乎德。有德此②有人,有人此有土,有土此有财,有财此有用③。

注释

① 慎:小心,当心。
② 此:乃,才。
③ 用:花费的钱财。

解读

因此,国君首先要修养自己的道德,有了美德也就能够得到民众的拥护,有了民众的拥护也就能够得到土地,有了土地也就有了财富,有了财富也就有了国家的用度开支。

感悟

发展以人为本,立人以德为先。人是社会动物,不是孤独的生命。因而,人只有在与他人的社会交往之中,在组成社会团体的合作之中,才能体现人的价值所在。

社会交往与合作的过程,同时也是道德产生的过程。社会机体有效运行需要依赖道德，人类走向和谐社会更要倚重道德。"天生烝民，有物有则；民之秉彝，好是懿德。"道德是立人之本。

古往今来，无论世事如何变迁，生活方式如何变化，但是，总有不变的天理存在，这就是民心，就是根植于我们内心的德行。无论时间、场所及环境如何改变，但是做人的良知，却永远不能改变。道德是人类共同生存、和谐发展的轨道，并陪伴着我们前行。

故事链接

赵匡胤尊师助师

我国五代十国时期，国家政局混乱，战争频繁。当时，人们都崇尚武功，轻视学文。出身于军官家庭的赵匡胤，少年时代读书勤奋，既尚武又重文。

赵匡胤幼时在私塾读书，老师是知识渊博、教学认真的辛文悦先生。赵匡胤读书用功，成绩名列前茅，辛先生特别看重他。

赵匡胤对老师也非常尊敬。由于先生家中子女较多而收入又较微薄，所以一家人的生活难免有些贫困。

赵匡胤十分同情先生家的境况，常常背着家里人，偷偷给老师的孩子送一些吃的东西。

赵匡胤生得面方耳大、身强力壮。他武艺高强，又深通韬略，投身军营后，凭着作战勇猛，屡立战功，当上了后周的殿前都点检，成了皇帝禁军的统帅。后来，他做了宋朝的开国皇帝，也就是历史上的宋太祖。

赵匡胤当上皇帝以后，仍念念不忘幼年时的启蒙老师。他把辛文悦先生请到皇宫中来相见。辛先生一见宋太祖就要行君臣之礼。

十一、平天下

宋太祖连忙拦住他说:"辛先生,请别这样。我虽当了皇帝,仍然是您的学生。今后我还要继续向您请教呢。"宋太祖把老师奉养在宫里,经常与老师谈心,向老师请教治理国家的好办法。

管仲与鲍叔牙结交

管仲和鲍叔牙是春秋时期齐国人。他俩自幼贫贱结交,相互间非常了解,非常知心。管仲和鲍叔牙都勤奋好学,知识渊博,成了当时才华出众的名人。管仲做了齐公子纠的老师,鲍叔牙做了齐公子小白的老师,两人各保其主。

后来,齐公子纠和齐公子小白因争夺君主地位,互相残杀起来。公子小白胜利了,当了齐国的君主,叫齐桓公。而公子纠被逼自杀,管仲被俘,成了阶下囚。齐桓公准备处死管仲。

这时,鲍叔牙已做了齐国的宰相,他千方百计地解救管仲,并向齐桓公推荐管仲说:"管仲的才能大大超过我,要使齐国富强起来,非重用他不可。"

齐桓公听了鲍叔牙的劝告,用最隆重的礼节,请管仲当了齐国的宰相,而鲍叔牙反而成了管仲的助手。两人同心辅政,齐桓公很快成就了霸业,九次大会诸侯,使齐国成了春秋时期五个霸主中最早和最有名的一个。

管仲功成业就,十分感激知心朋友鲍叔牙,逢人便颂扬鲍叔牙的美德。他说:"我起初在困难时,曾和鲍叔牙一起经商,分财利时,我自己多分,鲍叔牙不认为我贪财,因为他知道我贫困。

"我曾经给鲍叔牙计划事情,可是没有计划好,把事情办糟了,鲍叔牙不认为我愚笨,他知道时机有时顺利有时不顺利。我曾经三次做官,三

大学

次被君主赶走,鲍叔牙不认为我品行不好,他知道是我没遇到好时机。

"公子纠兵败身亡,我被关进囚车受到各种侮辱而我没有自杀,鲍叔牙不认为我没有羞耻,他知道我不以小节为羞耻,我所耻的是功名不显于天下啊!真是生我的是父母,知我的是鲍叔牙啊!"

管仲和鲍叔牙共同辅佐齐桓公四十余年,为齐国建立了不朽的功业。他俩互相知心知意,团结合作的美德为后人所称颂。

德者本也

德者本也,财者末①也,外本内末,争民②施夺③。是故财聚则民散,

十一、平天下

财散则民聚。

注释

① 末：泛指物的末端、末尾。
② 争民：与民争利。
③ 施夺：施行劫夺。

解读

美德是根本，财富是末梢。如果国君表面讲道德，内心却重财富，那么，他就会争民财、夺民利。因此，国君聚敛财富，人民就会离散；国君施散财富，人民就会凝聚。

感悟

在中国古代，道德与事业是君子毕生奋斗的两大人生追求。《周易·乾》说："君子进德修业。"在对待道德与财物的态度上，应将德看成是一个人的根本。

道德历来都是人们修身养性、完善自我乃至治国安邦的重要工具。在面对利益的取舍时，古人崇尚"见得思义"，并视为人格修养的至高境界。

做人如果不重视品德的修养，失去了道德的自觉约束，那么就会无所不为。在面临金钱的诱惑时，就会不顾一切，就会不择手段地攫取钱财，最终不能自拔。历代的腐败分子，无不如此，最终断送的不只是金钱，还有生命。

大学

故事链接

廉希宪拒收贿赂

廉希宪，字善甫，号野云，维吾尔族人，元代杰出政治家。

廉希宪十九岁入侍元世祖，累官至中书平章政事，至元中以平章行省事于荆南，后复召为相。他倡导孟子"性善义利"之说，禁剥夺，兴商贩，兴利除害。

当初元世祖还是亲王时，廉希宪就得到元世祖的信任。廉希宪奉命去荆南行省主持政务，励精图治，率民治水垦田，兴利除害，为民所拥戴。

他刚到任，立即下令禁止强取豪夺，保护正当的商业贸易，使军民相安以处，官吏各司其职。然后登记原来的南宋官员，量才任用，给予信任。

当时，凡是在宋朝做过官的人，在觐见元朝太守以上的官员时，必须先送上珍贵的珠宝文物，才能被接待。只有廉希宪不这样做，他对来拜访的人说："你们以前如果是清廉为官，那么可以继续担任原职，甚至有可能得到破格录用。你们应当明白，这是我朝皇上对你们的恩德，要以加倍的努力做事来作为报答，你们不必拿那么多宝物给我。

"如果这些宝物本来就是你们的祖先传下来的，我收下而占有成为我的财产，那么就不合乎道义；如果这些宝物是你们做官时利用职权从官府中占取的财产，我收下后，那么我就如同你一样成为偷窃的合谋了；如果这些宝物是你们从百姓中间搜刮来的，我如果收下，那么这就是有罪的，希望你们善自珍重。"

那些被逼送礼的宋朝官员听了之后，心里十分感激。

廉希宪厌恶奸邪，不礼权贵，对儒士则十分尊重，以礼善待。宋朝降

十一、平天下

臣刘整已被任命为行省左丞、都元帅，前来求见，廉希宪有意给以羞辱，不予理睬。

他对刘整说："这是我的家宅，你如果有公事需要汇报，那么明日就到政事堂来见。"

但是，当那些流落燕京、饥寒困顿的南宋儒士持诗求见，他立即铺设座椅，亲自出门迎接，整备酒茶款待。

他的弟弟不明白为什么要这样做：刘元帅为皇上所任命，你反而菲薄鄙视，却对江南穷秀才礼遇如此。他说："我作为国家大臣，言行举止，无不关系天下重轻。刘整虽然官居富贵，但他是出卖国家的叛逆贰臣，因此给以折辱，使他明白君臣义重。而天下寒士，他们诵读圣贤之书，是孔夫子的门徒，在宋国时，公朝没有位置，公宴无资格参与，但他们却满腹经纶，胸怀乾坤，因此应当礼敬尊崇。况且现在国家崛起于朔漠，读书人已经很少了，我如果不能对他们尊重礼敬，那么儒术就将断送了。"

他先后举荐、起用人才很多。在这些人才的辅助下，他的政声治绩得到人们的称颂。

是故言悖而出者

是故言悖❶而出者，亦❷悖而入；货❸悖而入者，亦悖而出。

注释

❶ 悖：通"背"，违背。

大 学

❷ 亦：副词，也，表示同样、也是。
❸ 货：财货。

解读

因此，用违背情理的话去责备别人，别人也会用违背情理的话来回报你；如果聚敛了不合情理的财富，那么，也会不合情理地失去财富。

感悟

古人说："富贵不能淫，贫贱不能移，威武不能屈，此之谓大丈夫。"

今人说："坚忍不拔者，当学会通权达变。锦衣夜行者，应习惯碰壁拐弯。"荀子曰："义胜利者，为治世；利克义者，为乱世。上重义则义克利，上重利则利克义。"天下之财为天下人所用，财物之生聚，其目的是为养民，而不是只为了满足个人的欲望。

对于名利荣辱财富，应该能够看透，但不必一定要看穿。作为人，应该有所追求，但是不能沉溺。对于人生，应当豁达，不必强求，应该常怀一颗平常之心、坚守之心、融通之心。财利的生产是百姓与国家存立所必需的，欲取欲求之时，应当记住这句话：君子爱财，取之有道。

故事链接

范蠡救子，商智尽显

在陶邑，范蠡的小儿子出世了。由于是老年得子，他对这个小儿子宠爱有加，生怕他受苦。随着时间的推移，小儿子逐渐长大成人。有一天，范蠡的二儿子在楚国杀了人，将要被处死。于是范蠡让小儿子带上大量的黄金前去营救。

临行之际，范蠡的长子却生气地一路跑过来，说道："父亲，我是您的长子，家中出现了此等大事，理应由我出面去营救才是。而如今，您却让不谙世故且从小挥霍成性的三弟去，父亲您是不是认为我是一个不值得信任的孩子？"

在妻子的劝说下，范蠡只好答应让大儿子去。并叮嘱大儿子："到了楚国之后，把礼金和书信一并奉交给庄生前辈。而且，一切事情都要听从庄生前辈的安排，万万不可与他争辩。"

到了楚国，大儿子按照父亲的叮嘱奉交了黄金和书信。庄生看过书信之后，对大儿子嘱咐道："贤侄，你父亲的书信我已看过，一切事情都交付于我就是。你现在必须赶快回家，不要再继续留在这里。即使你的弟弟已经被放出来了，也不要去问是什么原因。"

但是，大儿子离开庄生家之后，并没有即刻离开楚国，而是留了下来，想在暗中窥测庄生的行动。

第二天，庄生便进宫觐见楚王，说他夜观天象，对楚国不利，劝说楚王施行仁政，大赦全国。庄生是楚王重要的谋士，楚王对他非常信任和敬重，当即便答允了庄生的提议。大儿子听说楚王要大赦天下，而庄生一直没有动用他送来的黄金，便认为他送来的黄金做了"无用功"。

思来想去，最后他居然找到了庄生家里，对庄生说："我听说楚王要大赦天下，二弟也就有救了，故而前来向您告辞。"庄生心中自然知道他话中有话，于是把黄金还给他。大儿子见到黄金"完璧归赵"，心中得意万分，自以为人财两全了。

对于这些黄金，庄生本来就没有动用的意思，而是准备在事成之后再悉数归还给范蠡。但被大儿子这一番耍弄，庄生感到羞辱难当。于是，他再次觐见楚王,对楚王说:"在下闻听百姓议论,说是楚王身边的大臣受了陶邑富翁陶朱公的贿赂,大赦天下只是为了他的一个儿子,而非为了楚国民众。"听庄生这么说,楚王大怒,当即下令将陶朱公的儿子先行处斩,然后再发大赦令。

最终,大儿子只好带着黄金和弟弟的尸首回到了陶邑。母亲及乡亲见状都哀伤不已,唯独范蠡仰天发笑。他对大儿子说道:"我已经听说了你在楚国的行为,就知道你一定会害死你的弟弟。这并不是你不爱他,而是因为你从小与我一同创业,备尝生活艰辛,所以对钱财舍不得。如果是你的三弟则不会如此,因为他自幼生活富足,从不知钱财的来之不易,所以他能一掷千金。当初,不让你去就是这个原因,如今你为了钱财而害了弟弟,这也是我早就预料到的,没有什么好的办法了。"

十一、平天下

"范蠡救子"的故事确实富有哲理性、戏剧性，因而也给后人留下了很多值得思考的东西。"月满则亏，物盛则衰"，"盈而不溢，胜而不骄"，这些都是自然的法则。如果人们只执迷于眼前的利益，不知道放弃，才是最愚蠢的行为。

道善则得之

《康诰》曰："惟命①不于常②。"道善则③得之，不善则失之矣。

注释

① 惟命：听从命令。
② 常：常规。
③ 则：表示因果关系，就，便。

解读

《康诰》中说道："唯独天命是无常的。"也就是说，有好的道德就能得到了天命，没有好的道德就会失去天命。

感悟

"得道多助，失道寡助"是孟子的一个著名论断。意思是说，对于得道的人，帮助他的人就多；对于失道的人，帮助他的人就少。孟子在这里说的"得道"和"失道"的人，都不是指普通的个人，而是指一国之君。

大 学

在孟子看来,"民心向背"对于战争胜负具有根本性的意义,决定着战争的成败。同样对于政治也具有重要的意义。孟子说:"得天下有道:得其民,斯得天下矣;得其民有道:得其心,斯得民矣。"意思是说,得天下必先得民,得民必先得民心。得天下之道,即是施行仁政。因为只有仁政,才是"得其心"之政。

对于如何"得其心",孟子提出了"保民"的思想。就是关爱和保护人民,要求君主"所欲与之聚之,所恶勿施",人民所希望的是什么呢?当然是富裕、幸福的生活。孟子认为,这是行仁政的根本着眼点。做到了这一点,自然民心归服、天下归附,而且是任何力量都阻止不了的。

故事链接

黄霸为政外宽内明

黄霸是西汉时期著名大臣。他性情温良懂得谦让,为政外宽内明,推行教化,治事为当时第一。黄霸的才能在于擅长管理百姓,东汉史学家班固评论说:"自从汉朝建立以来,要讲治理百姓的官吏还是数黄霸第一。"

黄霸自幼学习法律之学,有大志,年轻时就成为乡里豪杰。汉武帝末年,他被赏予官职,管理郡国钱粮的出入之数。后因为官廉正,又精明能干,富有领导才能,升任河南郡太守丞,成为辅助郡守的主要官吏。

黄霸善于观察,思维敏捷,又通晓法律,温和善良又能谦让,足智多谋,善于驾驭众人。他担任太守丞时,处事及议论都符合法律,适合人心,太守非常信任他,吏民都爱戴尊敬他。

十一、平天下

汉宣帝即位时，征召黄霸担任廷尉正，多次决断疑难官司，不久担任颍川太守。在当时，颍川郡管辖二十个县，有好几个县的居民聚集，围攻县府。郡太守逃往京城向汉宣帝求救，要求派武将镇压"刁民"。黄霸就是在这种情况下走马上任的。

黄霸不坐轿，不骑马，不鸣锣开道，而是微服私访。一路上，他看到逃荒要饭的百姓一拨又一拨，就和这些百姓聊起来，问他们为何要背井离乡。逃荒者说他们的土地被豪强恶霸掠夺去了，无田可种，不逃荒就得饿死。黄霸问为何不去县衙告状，逃荒者哭诉：进衙门告状，未开口先挨打，谁还敢去啊！

黄霸明白了，于是他向汉宣帝写了一份奏章，火速发往京城，恳请皇上恩准在颍川开仓放粮，把颍川郡几万流亡农民安置好，这样皇上的新政法令就能在颍川实行，颍川的"刁民"也就治理好了。汉宣帝答应了这个合情合理的要求。

所以，黄霸到颍川第一件事就是出安民告示，教化百姓，学习法令。并派人到邻县和官道上贴告示，号召流亡农民回乡，凡回家开荒种田者发放粮食，发放种子，免税免劳役。

为了赢得百姓的信任，黄霸带头脱掉官服官靴，下地拉犁耕地。他的做法一传十，十传百，外出逃荒的流亡农民纷纷回来了。为了让流亡农民安心，不再外逃，黄霸责令各县县令安置逃荒者，违者重罚，不听者革职，并亲自到各县暗自察访，检查督促。

黄霸安抚了平民百姓，教化了官员，待经济上打下了一定基础后，又开始打击豪强地主、恶霸地痞。凡证据确凿，便狠狠地打击，让他们补足拖欠朝廷的税款，返还强占百姓的土地、粮食、牲畜、房屋。当然，黄霸也不忘教化他们，给他们出路，让其全家老小开荒种田，自食其力。黄霸

大学

又鼓励农民种树、养猪、养鸡鸭、养蚕桑,并下令禁止用粮食喂马,把汉宣帝的休养生息政策逐一贯彻,使百姓安居乐业而感恩皇上。黄霸也因为他的宽厚清明,得到了官吏和百姓的爱戴。

汉宣帝认为黄霸贤能,封爵关内侯,赐黄金一百斤,俸禄两千石。黄霸却把一百斤黄金捐献给颍川郡治理河道,自己分文不留。此后不久,汉宣帝征召黄霸担任太子太傅,后迁升为御史大夫。

惟善以为宝

《楚书》[1]曰:"楚国无以为宝,惟善以为宝。"舅犯[2]曰:"亡人[3]无以为宝,仁亲以为宝。"

注释

[1] 《楚书》:楚昭王时的史书。
[2] 舅犯:晋文公重耳的舅舅狐偃,字子犯。
[3] 亡人:流亡的人,指重耳。

解读

《国语·楚语》说:"楚国没有什么可以作为宝贝,而是把善作为宝贝。"晋文公的舅舅子犯说:"逃亡在外的人没有什么宝贝,就是以仁爱亲人为宝贝。"

十一、平天下

感悟

《楚书》中的这两句话是春秋时期的名言。当时，楚国大夫王子围出使晋国，晋国的赵简子夸耀说晋国有很多的金银财宝，并问他说，你们楚国有什么珍奇宝贝？

王子围说，我们楚国没有像你说的那些珍宝，有的只是有德行的贤能人才，全身心地为百姓谋福利，能够使国家富足强盛，社稷康宁，这就是我们楚国最大的财富。

所以说，只有美好的德行才值得珍视，其他一切身外的财宝都不重要。

故事链接

楚惠王恩及厨师

楚惠王是楚昭王熊轸的儿子，名叫熊章，他的母亲是越姬。惠王二年，即公元前487年，惠王令尹子西将前废太子的儿子胜召回楚国，任命为巢邑大夫，他就是白公胜。白公胜以善用兵和礼贤下士而闻名，这个人整天就想着要报父亲被废的仇。

惠王六年，就是公元前483年，白公胜想让子西出兵伐郑，子西答应了，但未出兵。白公胜从此恨上了子西。惠王八年，晋国讨伐郑国。郑国向楚国求救。惠王命子西前去救援，战役胜利后，郑国以重金奖赏子西。白公胜听说后非常气愤，便与勇士石乞等人公然在朝堂将子西杀害，并囚惠王于高府。幸而有侍卫屈固将惠王救出，藏于惠王母亲越姬的寝宫。

白公胜乘乱自立为王。一月后，叶公沈诸梁听说白公胜乱楚自立，调集王城外的楚军入郢讨伐白公胜。白公胜不敌叶公之师，大败。慌乱中无路可逃，只好自缢身亡。惠王这才复位。

大学

一天，楚惠王吃凉酸菜时，发现内有水蛭，担心做饭的厨师被牵连，便将水蛭吞下，不久导致腹痛。令尹询问楚惠王："大王为什么会腹痛呢？"惠王说："是孤不愿使厨师与管辖膳食的官员死去，所以贸然吞食了饭中的水蛭。"令尹听后叩头说："我听说，天道无情，只有贤德的人才能获帮助。大王有天道之助，不会有任何疾病能侵身！"当晚，楚惠王如厕后，腹中的水蛭被排了出来，缠绕于惠王身上的病痛就此痊愈。

若有一个臣

《秦誓》曰："若有一个臣，断断❶兮，无他技，其心休休❷焉。其

182

十一、平天下

如有容焉。人之有技，若己有之。人之彦圣❸，其心好之，不啻若自其口出。实能容之，以能保我子孙黎民，尚亦有利哉。人之有技，媢疾以恶之，人之彦圣，而违之俾不通，寔不能容，以不能保我子孙黎民，亦曰殆哉。"

注释

❶ 断断：真诚老实、勤恳专一的样子。
❷ 休休：宽宏大量的样子。
❸ 彦圣：美好的德行。

解读

《秦誓》说："如果有这样一个臣子，他忠诚老实而无一技之长，心胸宽广而能包容一切；别人有技艺，就像自己有技艺；别人有美好的德行，他衷心喜欢，一如自己口中说出的那样。如果这种人能够加以重用，那么，他就能够保护我的子孙和百姓，而且能为我的子孙和百姓谋利益。如果别人有技艺，就嫉妒厌恶他；别人有美好的德行，就压制阻止使他不能上达于国君。这种人确实不能容人，因此，他也就不能够保护我的子孙和百姓，要是重用了这种人，那就太危险了。"

感悟

天下之才，唯天下用之。"唯楚有材，唯晋用之。"任何人才都代表着他所在的时代。古人云："欲知平直，则必准绳；欲知方圆，则必规矩；人主与自知，则必直士。"为政者，只有把那些有德有才、德才兼备的贤人志士重用起来，国家才会兴旺发达。

谁将得到任用？在于选才者的德行。任用怎样的人，关系到事业的成败，决定着国家的兴衰。

故事链接

陆贽以天下之事为己任

陆贽也是唐代克己奉公的典范。他为国为民，献计献策，是以天下为己任的济世治国之才。

陆贽十八岁考中进士，走上济世治国的道路。784年，发生泾原兵变，三十岁的陆贽随唐德宗出征。在此期间，他处理政务，并上书皇帝，请皇帝下罪己诏书，以此激励将士，报国平叛。唐德宗采纳了陆贽的建议。

陆贽为唐德宗起草的诏书《奉天改元大赦制》，情辞恳切，深自痛责。颁行天下后，前线将士为之感动，有的叛乱者听到后痛哭，上表谢罪。一些大臣为讨好唐德宗，请唐德宗加尊号"圣神文武"，以显帝威。

陆贽上书唐德宗，恳切地指出："现在是动乱之时，人心向背之秋，皇帝应注意收揽人心，检讨自己，不应只注重增加美名。"陆贽认为，"与其增美称而失天下，不如废旧号而尊天戒"，极力劝皇帝不要重名而失德于天下，应该放弃加尊号这一不合时宜之举。

由于陆贽善于预见，措施得宜，力挽危局，唐王朝摇摇欲坠的局面得以转危为安。鉴于陆贽的功绩，唐德宗任命陆贽为中书侍郎，成了中书省固定编制的宰相。身居高位，他决心"以天下为己任，全心报国"。

陆贽主政期间，公忠体国，励精图治，具有远见卓识。在当时社会矛盾深化，唐王朝面临崩溃的不利形势下，他指陈时弊，筹划大计，为朝廷出了许多善策。他总结历代兴衰的经验，吸取贾谊《治安策》中所阐发的加强中央集权的思想，认为只有加强中央实力，削弱藩镇势力，居重以驭轻，才能安定。

他继承《论语》中"百姓足，君孰与不足？百姓不足，君孰与足"的思想，强调民富才能国富，民为邦之本，财为民之心。他上疏提出"均节赋税恤百姓六条"，系统地阐述了恢复和发展封建经济进行改良的思想。并提出"养人资国"的主张，认为只有"养人"，充分使农民的个体经济得到发展，发挥他们在生产力方面的作用，才能尽可能创造更多的物质财富，使民富国强。

他认为能否正确使用人才，是关系到国家存亡的大问题。要想使大唐有所振作，不整顿吏治、广开才路是不会取得什么成效的。他向唐德宗提出了"求才贵广，考课贵精"的重要原则。"求才贵广"就是要求广泛地选拔人才；"考课贵精"就是依据一定的标准进行考核，加强吏治的管理，以便高标准地培养地主阶级的官吏。

陆贽秉性贞刚，在主政时矫正人君的过失，揭露奸佞误国的罪恶。尤其是对朋党，他采取了坚决的措施。朋党是唐德宗继位以来，一些弄权重臣，网罗羽翼，结党营私形成的集团。他们排挤善良，危害国家，是一股很强的恶势力。陆贽不畏权贵，先断其结党之路，取消了过去的选官办法，广求贤才，严格考试制度。之后，他又向当权者发起进攻。

陆贽身在朝廷之外，仍矢志不移，为民做事。当时，忠州地区疾病流行，陆贽遍访民间，抄录药方，写成《陆氏集验方》，以此济世救民。陆贽生前深受忠州人民的爱戴，客死他乡后，便葬在了忠州翠屏山。从此，陆贽墓便成为忠州的一个圣地，一道风景，千百年来，一直受到人们的

大 学

崇敬。

陆贽一生洁身自好，位高不受礼，官小不行贿，以天下为己任，献计献策，一心为民，终成一位千古流芳，万世敬仰的名臣。

唯仁人放流之

唯仁人放流❶之，迸❷诸四夷❸，不与同中国❹。此谓唯仁人为能爱人，能恶人。

注释

❶ 放流：放逐、流放。

❷ 迸：即"屏"，屏除、驱逐。

❸ 四夷：四方之夷。古代泛指边远的少数民族地区。

❹ 中国：古代指汉族居住的中原地区，即黄河流域。

解读

对于这种妒忌的人来说，只有仁德的国君才能够流放他们，把他们驱逐到边远的地方，不使他们和中国同教化。这就叫作只有仁人能够热爱好人，憎恨坏人。

感悟

本节阐明只有仁人才能爱人、恶人，进贤去恶，使国家大治。怎样才

十一、平天下

能进贤去恶，首要条件应该是仁人。仁人是具有最高美德的人，心中坦荡无私，能站在公正的立场上，审时度势。

要想进贤去恶，治理国家，君主要放手用贤人，不要从中牵制。

故事链接

魏文侯用人不疑

魏文侯，是三家分晋中魏桓子的孙子，是魏国的开国国君。魏文侯在位时礼贤下士，师事儒门子弟卜子夏、田子方、段干木等人，任用李悝、翟璜为相，乐羊、吴起等为将。这些出身于小贵族或平民家庭的士开始在政治、军事方面发挥其作用，标志着世族政治开始为官僚政治所代替。

乐羊起初是魏国相国翟璜的门客。魏文侯十七年，就是公元前408年，中山国国君姬窟发兵进犯魏国，在相国翟璜的举荐下，魏文侯任乐羊为帅，率军往讨。乐羊之子乐舒是中山国的将领，而且曾杀死翟璜之子翟靖。但是翟璜深知乐羊为人，不计恩怨，力保乐羊担任主帅出兵讨伐中山国。

当时，乐羊的儿子乐舒在中山国任职。朝中大臣议论纷纷，觉得乐羊虽然善于打仗，但是为了自己的儿子着想，乐羊也不会尽力尽责，这是人之常情。因此，便请求魏文侯再三考虑。但魏文侯却不为所动，任令已发，岂能因为没有发生之事临阵换将？

魏文侯调遣五万人马给乐羊，向中山国进军。中山国国君果然拿乐羊的儿子乐舒做文章，威逼着他到城楼上，劝说乐羊退兵，乐羊不肯退，反而要求中山国国君投降。中山国国君便采用缓兵之计，让乐舒要求给他们一个月的时间考虑，乐羊答应了，不再攻城，只在外面围着。

大 学

中山国国君一看，以为是乐羊爱子心切，不敢攻城呢，便不再想办法，依然享乐。到了一个月的时候，便派乐舒上城楼再要求考虑一个月，乐羊又答应了，如此过了三个月，乐羊的属下对他的做法表示怀疑。

乐羊解释道，我不是为了顾全父子之情，只是为了收买人心罢了，我们如果一味攻城，只会让中山国的人团结起来，同仇敌忾，对付我们。而这样呢，中山国国君再三食言，就会大失民心。

消息传来，朝中大哗，群臣诬告乐羊通敌。魏文侯却不为所动，反而做了两件让大臣们意想不到的事情。第一件事，他派人到前线去热情、隆重地慰问了军队；第二件事，在国内派工匠为乐羊修建一处豪华的住宅，等着他胜利归来。

十一、平天下

此时，围困已久，中山君见破敌无望，杀死乐舒，煮成肉羹送给乐羊。乐羊神色坦然地吃了一口，说："乐舒为昏君做事，理应有此下场。"

最终，乐羊按自己的计划攻克了中山国的国都，中山君自杀。消息传回，魏文侯非常高兴，他亲自出城迎接得胜归来的乐羊，大犒三军，并为乐羊办了一个盛大的庆功宴席，席中百官都过来祝贺。魏文侯当着大家的面说："乐羊由于忠心于我的缘故，吃了自己儿子的肉。"那些怀疑过他的大臣们都有些不好意思。

乐羊攻克中山国后，回国向魏文侯报告，显出夸功骄傲的神色。宴会后，魏文侯赠送了乐羊两个大箱子，乐羊原本以为是金银财宝，回家打开一看惊呆了，里面全是攻打中山国时，大臣们弹劾自己的奏章，读得乐羊冷汗直流。这要不是魏文侯对自己有着坚定不移的信任和庇护，自己早就已经没命了，哪谈什么军功战绩、荣誉封地啊！

第二天，魏文侯赏赐他的时候，他坚决推辞了，说："攻下中山国，不是我的力量，是君主您的功劳。"

魏文侯这时说出了我们都应该学习的一段话：一个好的管理人必须要善于用人，而要使用好一个人，必须做到信任一个人，否则有再好再多的人才也等于零。如果你根本就怀疑这个人，就不要使用，而使用的人才你就要放手让他去做，你做好保障工作就行了。攻打中山国，我知道只有你乐羊能够担当此重任，并且知道你是可以信任的，所以才会用你不疑。现在你果然不负所望，赏赐是应得的，你就不要推辞了，我封你为灵寿君，即刻上任去吧。

大 学

见贤而不能举

见贤❶而不能举❷，举而不能先❸，命也❹。

注释

❶ 贤：有道德的，有才能的。
❷ 举：推选，推荐。
❸ 先：尽先使用。引申为亲近、信任。
❹ 命：慢。即轻慢、怠慢的意思。

解读

见到贤人而不能举荐，举荐而不能率先任用，这就是怠慢了。

感悟

人才是一个国家的宝贵财富，是一个国家兴旺发达的重要因素。尊重知识，尊重人才，努力营造和谐、健康的育人、选人、用人环境，造就一支专业型、技术型、复合型人才队伍，使他们人尽其才、才尽其用是一种理想的社会氛围。

历代以来，统治者都把任用贤能的人才当作治国之首务，为政之根本。而对于人才的任用，历来就是一个长盛不衰的话题，其真知灼见更令人感到鼓舞，但是之所以议论不休，也就在于用才唯难。因为对于人才的

十一、平天下

评价标准难于统一，见仁见智；也因为用人者自己的见识存在局限，好恶不同；更因为人才并不是万能的，大凡人才都是专一于某一方面，也就有明显的不足，而授人以口实。

关于人才对于国家的重要性，墨子说："尚贤者，政之本也。"唐太宗也说："为政之要，唯在得人。"

司马光则说："为政之要，莫先于用人。"明太祖朱元璋则说得更为具体，他说："构大厦者，必资于众工；治天下者，必赖于群才。"

对于人才自身的修养和使用原则，荀子提出"无能不官""尚贤使能，而等位不遗"，这也就是"量能而授官，皆使其人载其事而各得其所宜"。

管仲主张"察能授官"，认为"授事以能，则人上功"。按才能安排工作，人们就讲求功效。"毋与不可，毋强不能，毋靠不知，与不可，强不能，靠不知，谓之劳而无功。"他说，不要把工作交与不可靠的人，也不要强给做不到的人，更不要交给不明事理的人。因为把工作交给不可靠的、强予做不到的和不明事理的人，只会劳而无功。

管仲强调，只有根据人们的实际能力分配任务，才能鼓励人们积极争取立功。

故事链接

景监三荐商鞅

春秋战国时期的秦国被晋国和后来的魏国侵占了不少地盘，国势衰微，慢慢与中原隔绝，几近蛮夷。秦孝公想复兴祖先威势，于是下了求贤令。

商鞅在魏国听得求贤令，立马夹着几本李悝的《法经》，一路向西，赶往秦国，并说动秦孝公的宠臣景监将自己引荐给孝公。

商鞅见到孝公，用拿手的帝王道说了一大通，说得孝公兴趣寥寥，都快睡着了。商鞅告退后，孝公对景监说，你介绍的是什么狂妄之人啊，根本不堪大用。

数日后，景监再次安排商鞅见孝公，商鞅又是滔滔不绝说了一通，孝公照样听得厌烦，事后对景监发了一通火。

虽说商鞅执着，却也难得景监认同他，不怕孝公斥责，居然再次引荐。更难得的是孝公居然如此宠信景监，明明看不上，也勉为其难地再次接见了商鞅。就是这第三次接见，直接改变了中国两千年的历史走势！

第三次见面，商鞅侃侃而谈，引起了孝公的强烈兴趣，坐不安席，不住地朝着商鞅的方向挪动，这一谈，居然谈了两天！

事后，景监很不明白，问，先生您这次说了什么，让君上这么感兴趣？

商鞅说，第一次，我以帝道之术去说动孝公，孝公觉得太缥缈，觉得我是个狂生。第二次见面的时候，我说的是富民强国的王道之术，孝公虽然觉得好，但觉得耗时太长，短期难见效，对当前秦国的强盛没什么帮助，所以会斥责您。第三次，我知道孝公需要什么了，说的是国富兵强的霸主策略，孝公才会听得入迷，所以和我畅谈两日而不觉得疲倦。

从此，商鞅登上了历史舞台，几乎被视为蛮夷之邦的西秦，迅速崛起，成为强秦！

十一、平天下

见不善而不能退

见不善①而不能退②,退而不能远③,过④也。

> 注释

① 善:心地仁爱,品质淳厚。
② 退:离开,辞去。
③ 远:距离长,与"近"相对。
④ 过:错误。

> 解读

如果见到了不善的人不能辞退,或者说,即使辞退了那个不善的人而不能远离他,这就是过失和错误了。

> 感悟

对于人才的任用,古人讲究知人善任,用人所长,忌求全责备。

司马光总结了历代王朝兴亡更替的经验教训,无不与执政者的用人政策相关,因而得出"兴亡在知人"的结论。可见,合理用人的前提是知人。只有知人,才能做到"任其所长,不任其所短,故事无不成,而功无不立"。

大 学

用人不疑与疑人不用是古代使用人才的一个重要原则。宋代政治家欧阳修指出："任人之道，要在不疑。宁可艰于择人，不可轻任而不信。"

管仲说："不知贤，害霸也；知而不用，害霸也；用而不任，害霸也；任而不信，害霸也；信而复使小人参之，害霸也。"这难道不值得我们每个人思考吗？

故事链接

李义琰为官被善用

李义琰，唐代的魏州昌乐人。622年唐代首次科举考试举行，他位列第三，是古代科举史上第一位探花。中进士后，任太原尉。

当时的太原都督叫李勣，他手下属僚官吏都惧怕他的威势，唯命是听，不敢多言半句。而李义琰认为，做人应该真诚，对上对下都应该仗义执言，因而常常当庭与他争辩是非曲直。李勣反而对他的正直敢言的气节很是赞赏。

唐高宗李治麟德年间，李义琰升为白水县令，多有政绩，有"能吏"之名，朝廷于是提拔为司刑员外郎。

李义琰博学多识。唐高宗每有事要征求意见，李义琰都畅所欲言，所言有智谋有见识，常常切中要害。循例升为中书郎，后来晋升为同中书门下三品，兼任太子右庶子。

唐高宗第六子李贤，在胞兄李弘去世后继立为皇太子。李贤不仅容止端雅，而且才思敏捷，但自立为储君后与母后关系紧张，后来以谋逆罪被废为庶人，流放巴州，再后被逼自尽，谥以"章怀"。那些怀恨李贤的人手舞足蹈，弹冠相庆，然而但李义琰却不以为然。

十一、平天下

李义琰认为，自己身兼太子右庶子，属于太子宫官，有教导太子之责。对于李贤之死，他独自把过失归于自己，常常难过得暗自落泪。

王公大臣们见李义琰总是为这件事自责、难过，都说他心地善良，胸怀道义，是个有忠义之心的人。唐高宗见李义琰既有才能又有义德，就让他做了宰相。

李义琰虽身居高位，但平素生活过得十分节俭。李义琰的弟弟、岐州司功参军李义琎见哥哥身为一朝宰相，日子却过得如此寒酸，心中实在有些不忍，于是背着哥哥买了建房的木料，选好了地点，准备大兴土木扩建相府。

李义琰知道此事以后，连忙出来阻止，对弟弟说："我侥幸担任了宰相，已感到十分惭愧，常常觉得自己不太称职。如若再兴建豪华的宅第，

贪图舒适安逸这个小利，这不是很好的道德，只会招来灾祸，到头来是适得其反。"

"人生在世，生活不可能都尽如人意，合不合情理关键是一个'义'字。为人应该以义为先，在品格上追求完美。我为一朝宰相，身为百官之首，倘若迷恋享受，贪图安逸，岂不失去了为官应该遵守的大义，丢掉了做人的美好品德吗？"李义琰只好作罢了。后来，建房用的木材年久腐朽，就被丢弃了。

李义琰后来因有足疾，请求退隐，唐高宗批准了，并授以银青光禄大夫荣衔。李义琰即将在东都洛阳附近退隐，很多官员在城门外设宴为他饯行，时人称场面堪比当年汉朝疏广、疏受叔侄的欢送会。

李义琰一生秉持为官、做人的大义，敢于直言，胸襟坦荡，心地善良，清廉俭省，不营家业，在当时人们的心目中树立了完美的形象，在中华民族的历史长河中名垂史册。

好人之所恶

好人之所恶，恶人之所好，是谓拂①人之性，菑②必逮夫③身。

注释

① 拂：逆，违背。
② 菑（zāi）："灾"的异体字，灾祸、灾殃。
③ 逮（dǎi）：及、到。

十一、平天下

解读

如果一个人喜欢上了别人所不喜欢的，讨厌别人所爱好的，这就叫作违反人性，灾祸必然也会落到自己的身上。

感悟

世间之事皆有是非曲直，但是坚持原则、坚守是非却艰难。君子当政临国自有正道：忠诚信义，便会获得一切；骄奢放纵，便会失去一切。

荀子在《哀公》中说："传曰：君者，舟也；庶人者，水也。水则载舟，水则覆舟。"他以舟水比喻君王与百姓的关系，把君比做舟，把民比做水，水可载舟达到彼岸，亦可将舟掀翻沉没。可谓精辟至极。

荀子还说："故君人者，欲安，则莫若平政爱民矣；欲荣，则莫若隆礼敬士矣；欲立功名，则莫若尚贤使能矣，是君人者之大节也。"意思是，当君王的想要获得安宁，那么最好是勤于政事爱护百姓；想要获得繁荣，那么最好用隆重的礼节对待士子；想要获得功名，那么最好尊崇和任用贤能的人，这是关系到统治者安危存亡的大事。

也就是说：若为君者为一己的私欲，他的好恶有悖人民的好恶，以致失去民心，得不到人民的拥护，必将引祸至身，自取灭亡。由此可见，为君者要亲贤臣，远小人，做符合人民利益的事，方能长治久安。

故事链接

齐襄公言而无信

齐襄公，姜姓，吕氏，名诸儿，齐僖公长子，齐桓公异母兄，春秋时期齐国国君。

齐襄公派遣连称、管至父戍守葵丘。襄公许诺："等明年瓜熟之时，就派人轮换你们。"边疆生活枯燥乏味，苦苦等了一年，戍边之期已到，还没有等到襄公的轮换命令，他们就请求派人轮换，齐襄公不同意。

公孙无知是齐僖公弟弟夷仲年的儿子，僖公在位时，非常宠爱公孙无知，他穿的衣服与所享受的待遇同嫡子们相同。襄公即位后，就降低公孙无知的一切待遇。于是连称、管至父就联络公孙无知一起造反。连称有个堂妹在齐侯宫室，没有得宠，公孙无知便让她去打探襄公的消息，对她说："要是成功，我便把你封作夫人。"

同年十二月，齐襄公到姑棼游玩，便在贝丘打猎，因受到野猪的惊吓，从车上掉下来摔伤脚，而且还将鞋子弄丢。齐襄公责令管鞋人费去找鞋，费找不到，齐襄公就抽打费三百鞭，打得皮开血出。

公孙无知和连称、管至父等人听说齐襄公受伤，便率领徒众袭击齐襄公的住所。公孙无知等人在宫门口遇到费，把费劫走并捆起来。

费说："我哪里会抵抗你们，暂且不要进去惊动宫中，惊动宫中就不易攻进去。"公孙无知不相信，费便解开衣服，让他们查验自己的背后的鞭伤，公孙无知便相信费的话。费表示愿意和他们一起行动，请求先进宫去。

费进宫后，立即将齐襄公隐藏到门后。过了一会儿，公孙无知等人恐其有变，于是率众进去。费与宫中侍卫、齐襄公宠臣攻击公孙无知等人，但没有取胜，费等人全部被杀。公孙无知进入宫中，在床上杀死孟阳，说："不是国君，样子不像。"

公孙无知一眼看到齐襄公的脚露出在门下边，于是将齐襄公杀害，而公孙无知自立为国君。

都说君无戏言，齐襄公因失信于大臣，引发政变被杀，实实在在地证明了违背人性，必将招来灾祸的道理。

是故君子有大道

是故君子有大道❶，必❷忠信❸以得之，骄泰❹以失之。

注释

❶ 大道：重大的原则。

❷ 必：一定。

❸ 忠信：忠诚信实。

❹ 骄泰：骄横放纵。

解读

所以，做国君的人有重大的原则：忠诚信义，便会获得一切；骄奢放纵，便会失去一切。

感悟

本节阐明治国平天下的政治原则，即为政以德，重点讲"忠信"。子曰："言忠信，行笃敬，虽蛮貊之邦，行矣。言不忠信，行不笃敬，虽州里，行乎哉？"孔子说：言语忠实诚信，行为笃厚恭敬，即使在蛮貊地

大 学

区，也能行得通。言语不忠实诚信，行为不笃厚恭敬，即使是在本乡本土，能行得通吗？

所谓"忠信"，就是言语忠实诚信，行为笃厚恭敬。这是做人之根本，立业之根基。一个人只有以诚信之心，信守道德，仁善处世，诚信做人而不伪，不欺心，也不欺人，不失其道，不损己德，方不辜负天道自然赋予人的本性。君主诸侯若想行仁政于天下，也必先取信于民。

故事链接

君臣互信成大事

东汉末年，天下大乱，群雄并起。诸葛亮在隆中过着耕读的日子，刘备三顾茅庐，诸葛亮就辅佐了刘备。诸葛亮的哥哥诸葛瑾避乱到了江东，于是投靠到孙权帐下，受到重用。当时曹操的势力最强，为了统一全国，他向江南进军，一路势如破竹，顺利拿下了在荆州割据的刘表集团，逼得寄居在刘表地盘上的刘备慌忙逃走。

接下来，曹操兵锋直指孙权。为求自保，孙权与刘备结成联盟，抱团取暖，共同对付曹操。建安十三年，曹操踌躇满志，横槊赋诗，大练水军，舳舻千里，决意在长江上与孙刘联军一决高下，不料，孙刘联军同仇敌忾，紧密协作，借助火攻之计大败曹军。曹操狼狈而逃、回到了北方，一时不敢再南下了。

曹操退兵以后，孙刘的暂时军事联盟也就不复存在了。为了各自的利益，孙刘开始抢占地盘。刘备集团采取先下手为强的策略，夺得了曾被曹操占据的荆州重镇，势力开始壮大起来，但是，实力还是比不上已经有三代基业的东吴孙权集团。

十一、平天下

且说荆州战略位置十分重要，东吴一直视之为门户，以前为了这块地方没少跟刘表作战，曾经耗费了大量的兵力财力，现在到手的肥肉却被刘备抢去了。孙吴集团当然不乐意，于是向刘备集团提出索要荆州的要求。

刘备因为实力不如东吴，不敢硬碰，只得答应孙吴的要求，利用缓兵之计，说暂且借居于此，等得到了新的地盘之后，马上奉还。刘备就这样先稳住了东吴，然后进逼西蜀，抢占了刘璋的地盘，势力进一步壮大起来。孙权看见刘备的势力壮大了，新的地盘也有了，于是又将索要荆州的事情提上议事日程。但是，这时的刘备已经不同于往日寄人篱下的刘备了，天下三分，刘备拥有其一，于是拒不归还荆州。

孙权大怒，在夺取荆州的过程中杀了刘备的大将关羽。刘备痛失关羽，怒不可遏，发誓为关羽报仇，出动全部兵马攻打孙吴，初期连克州县，所向披靡。孙吴十分惊恐，孙权求和。诸葛瑾写信给刘备，义正词严地指出刘备不能因为私仇而置国家大义于不顾。这本是为孙吴解围的善意之举，却遭到了孙吴内部的怀疑，有人中伤诸葛瑾明保孙吴，实际上是刘备、诸葛亮的心腹，一时间谣言四起。

当陆逊给诸葛瑾辟谣的时候，孙权已经知道这是谣言了，并且讲述了他与诸葛瑾相识相知的经历与深情厚谊，坚决相信诸葛瑾的忠贞，一并封存退还了陆逊给诸葛瑾的辟谣奏章。

正是因为孙权能够辨别是非，选贤任能，才会在猇亭一战中一举挫败刘备，保住东吴，并且扩充了势力，为称王称霸打下了坚实的基础。如果当时孙权听信谣言，历史也许就要改写了。

生财有大道

生财①有大道，生之者众，食之者寡②，为之者疾，用之者舒，则财恒③足④矣。

注释

① 生财：指开发财源，增加财富。
② 寡：少，缺少。

③ 恒:持久。
④ 足:充分,够量。

解读

创造财富有大原则:生产财富的人多,消耗财富的人少,掌管财富的人勤快,耗用财富的人节俭,这样,国家财富就可以经常保持充足了。

感悟

本节阐明治国平天下的经济原则,即发展生产,增加财富。财政状况直接关系到一个国家的兴衰与发展。国库殷实,财用充足,则国力强盛。

国家的一切费用皆来源于民众,治国者既要能以德化民,又要能广开财源,注重培育壮大各种经济成分,增加收入,使国库储备宽裕充足。在治理政事中,免去一切不必要的开支,廉洁自律,勤俭理政,不挥霍民脂,不私吞民膏,从而实现国富民强。

故事链接

汉文帝发展生产得盛世

汉文帝,汉高祖刘邦第四子,母薄姬,汉惠帝刘盈之弟。

汉高祖刘邦死后,刘邦的皇后吕后执政。吕后发展吕家的势力,打压刘姓家族。吕后死后,周勃、陈平领导军队消灭了吕氏家族,并迎立刘邦之子刘恒为帝,就是汉文帝。中国历史从此进入了一个空前盛世。

文帝重视农业生产,曾先后五次下诏劝课农桑,重申重本抑末的政策。他多次指出，农业为"天下之大本""民所恃以生"，认为"道（导）民之路，在于务农"，表现了对农业生产重要性的清醒认识。文帝二年正月，文帝举行亲耕仪式，带头务农，以昭示以农立国的思想。同时又减轻税率，在公元前178年和公元前168年两次将赋税减半，即把租率从十五税一减至三十税一。

公元前167年，汉文帝又下令尽免民田租税。此后，三十税一成为汉朝田税定制。汉文帝还采取了其他许多措施，使得汉朝农业、商业等迅速发展，社会富庶繁荣。

公元前157年，文帝去世，太子刘启继位，即汉景帝。他继承和发展父业，实行休养生息政策，使汉朝的经济日趋繁荣。

历史上把汉文帝和景帝父子执政时期的这种繁昌盛的形势，誉称为"文景之治"。文景时期，重视"以德化民"，当时社会比较安定，百姓生活开始富裕起来。"文景之治"奠定了民富国强的雄厚物质基础，为汉武帝时期西汉盛世的出现创造了条件。

汉景帝去世之后，汉武帝刘彻继位时，汉朝经济已经十分繁荣，人口增加，财富充裕，社会安定，国家繁荣富强，人民安居乐业。史书上甚至记载说：当时汉王朝国库里的钱堆积如山，串钱的绳子都烂断了；粮仓满了，粮食堆在露天，以致腐烂不能吃了。

仁者以财发身

仁者以财发身❶，不仁者以身发财❷。未有上好仁而下不好义者也，

十一、平天下

未有好义其事不终者也，未有府库❸财非其财者也。

注释

❶发身：使自身兴旺。即王业兴盛。
❷发财：获得大量钱财物。
❸府库：国家贮藏财物的地方。

解读

有仁德的人用疏散财富来使王业兴盛，没有仁德的人用权力聚敛财富。没有君主爱好仁德而臣民不喜欢道义的，没有喜欢道义而不能把事业进行到底的，没有府库中用仁德得来的财物最终是不属于自己的。

感悟

本节阐明仁者与不仁者对待财富的不同态度及其不同结果。如何保持财富？财富藏在哪儿最安全？藏在民间。仁德之君，以百姓利益为重，没有私心私欲。他对待财富的原则是"取之于民，用之于民"，不贪不吝，以自身的德才治国理财，以求得民富国强的长治久安。

没有仁德修养的人，为了自己的贪欲和享受，不顾生财为公的道义，只是攫取和侵吞，这样无德、缺德、损德而得来的财富，虽然也可暴富，但是，不可能长久，迟早终会散去。由此可见，只有仁德才能长久保有财富，才能享有财富。

大 学

故事链接

周文王以仁施政

姬昌是周朝奠基者，周太王之孙，季历之子。其父死后，继承西伯侯之位，故称西伯昌。在位四十二年后，正式称王，史称周文王。

周文王在位期间，明德慎罚，勤于政事，重视农业生产，礼贤下士，广罗人才。他在渭水河边访到了钓鱼的姜子牙，就请姜子牙来管理国家大事。

周文王拜姜尚为军师，制定军国大计，收服虞国和芮国，攻灭黎国、邘国等国，使天下三分其二归周；周文王称王后建都丰京，为武王伐纣灭

十一、平天下

商奠定基础；他演绎《周易》，创立周礼，得到后世儒家所推崇，孔子称为"三代之英"。

有一次，周文王在野外行走，见到一些枯骨散落于田野间，暴露未被掩埋，便叫左右随行人员去把枯骨埋掉。

随行的左右说："这也不知是谁家的尸骨，大概已经无主了。"周文王说道："天子有天下，就是天下的主；诸侯有一国，就是一国的主。这些枯骨暴露于我周国之野，我是周王，当然是这枯骨的家主，自然应该由我负责掩埋。"左右听此一说，便赶紧去将枯骨掩埋了。

天下的诸侯闻听周文王能行如此仁德，都说："西伯对于死人尸骨尚且如此恩德普施，更何况对于活着的人了。"

太任是周文王的母亲，她端庄恭敬、笃信虔诚。太任本是薛国任家的女儿，嫁给了周王季，生下的孩子就是文王。文王怀念先祖，继承了贤人的德行仁爱，谨遵先人的教诲，勤勉治国，不敢怠慢。

文王听到有利于国家百姓的话，就依从去实行；听到有人诤谏，一定会采纳信从。

文王治理诸侯，即使是自己的宗族兄弟违反了法令，也一样按照法规处罚。由此，在文王的治理下，国泰民安，天下安康。

文王在宫室里温和恭谨，对待长者尊敬有礼。在庙堂祭祀时，谦卑恭敬，肃穆严整。在公众场合，总保持着威仪与和善。自己独处时，也不忘反省自谦，时刻检点自己的德行是否有所疏漏，不敢稍稍懈怠。

文王发政施仁，所谓"为人君，止于仁"者，此类是也。因此，人间的灾难凶险都不再发作，疾苦瘟疫也不再兴起。天下太平，百姓富足。

大 学

国不以利为利

孟献子①曰:"畜马乘不察于鸡豚,伐冰之家②不畜牛羊,百乘之家③不畜聚敛之臣,与其有聚敛之臣,宁有盗臣。"此谓国不以利为利,以义为利也。

注释

① 孟献子:鲁国大夫,姓仲孙名蔑。
② 伐冰之家:指丧祭时能用冰保存遗体的人家,这是卿大夫类大官才有的待遇。
③ 百乘之家,拥有一百辆车的人家,指有封地的大家族。

解读

孟献子说:"喂养四匹马来拉车的大夫家族,就不管喂鸡养猪的事了;能够凿冰来保存遗体的卿大夫家族,就不喂养牛了;拥有百辆兵车有封邑采地的卿大夫家族,就不豢养能聚敛财富的家臣了,与其有能聚敛财富的家臣,宁有可盗窃主人财物的家臣。"这就是说,国家不能以财富为利,要以道义为利。

感悟

本节阐明义与利的关系。治理国家者不与民争利,应以义为重。

十一、平天下

在先秦，孔子提出"君子喻于义，小人喻于利"。认为义利是矛盾的，解决义利的方法是重义轻利。

墨家则认为，义和利是绝对统一的，不存在任何矛盾。他们不认为存在有利无义或有义无利的现象。

孟子认为，追求义是人们行为的唯一目的，而对利的任何关注，都有损于人们道德行为的纯洁性和高尚性，所以，利是一种有害的念头，必须在思想上加以排除。

荀子主张"性恶论"。他认为个人的利欲和社会的道德要求是完全相反的，个人的利欲只能是恶，而应首先规范的是善。所以，在义利关系问题上，他认为义利不相容，它们的关系只能是一个战胜另一个的关系。

"义利之辩"，是现实生活中义和利既矛盾又统一的关系在思想中的反映。各种不同的观点，体现了先秦各个阶级或阶层的不同的利益和当时社会政治经济发展的水平。不过，这些观点也有相通的地方，即一般都认为，在义利关系中，义是主要的，个人利益应该遵循和服从义。可以说，重义轻利是先秦义利之辩的主要倾向。

故事链接

廉范无私，义薄云天

在儒家义利思想中，家庭和谐与为人民谋幸福是其重要的组成部分。一个人能够为此救危急，赴险厄，当属大义壮实。廉范就是这样的人。

廉范，东汉时期京兆杜陵人，是战国时期赵国将军廉颇的后人。他凡事以大义为重，无愧于先祖。廉范十五岁时，其父在巴蜀地区死于战乱。廉范惊闻噩耗，痛不欲生，他小小年纪就告别母亲，只身前往巴蜀去接父亲的灵柩。

蜀郡太守张穆，是廉范的祖父廉丹的老部下，听说了这件事，就送给廉范许多财物。廉范没有接受，决定背着灵柩徒步回乡。在途中，廉范所乘的船碰到礁石沉没，廉范抱着灵柩一起沉到水中。一船的人被廉范的孝心感动，忙用竹竿把他搭救上来，才幸免于死。

廉范背着父亲的灵柩回到故乡，安葬了父亲，又守孝三年。然后，前往京城拜师博士薛汉，进行学习。在薛汉门下，廉范学业日益精进，掌握了很多知识。当时的京兆、陇西两郡都请他做官，他热衷学业，没有接受。

汉明帝初期，陇西太守邓融准备了一份厚礼，征聘廉范为功曹，但邓融忽遭上级审查。廉范知道邓融不好解脱，就暗自盘算，打算以自己的能力救他，于是托病离开了邓融。邓融不明缘由，心中不免怨恨。

廉范离开邓融后到了洛阳，更名改姓，请求担任廷尉的狱卒。不久，邓融被押解到洛阳关入监狱，廉范于是得以在他身边侍奉，尽心尽力，非常勤劳。邓融奇怪这个狱卒长得像廉范，于是试探着问道："你长得和我从前的一个部下很像。"廉范为了掩饰，故意提高声音斥责道："我看你是因为困窘看花眼了！"从此不再跟他说话。

廉范在邓融因病被押解出去养病时，就一直跟随着探视，找机会近前伺候。后来直至邓融病死，他都没有说明自己的真实身份，并亲自赶车送邓融的灵柩到他的家乡南阳，安葬完毕才离开。

廉范后来被征聘到公府，恰逢京城博士薛汉因为楚王的案子被判死罪，他的故人、门生都不敢探视。这时，廉范义无反顾，前去给自己的老师薛汉收殓尸体，妥为安葬。

这件事被公府官吏告诉了汉明帝，明帝大怒，召廉范入宫，质问并斥

十一、平天下

责他说："薛汉和楚王一同密谋,惑乱天下,你是朝廷的官员,不和朝廷保持一致,反而替罪犯收殓,为什么?"

廉范叩头说："我愚蠢粗鲁,认为薛汉等人都已认罪被处死,但实在忍不住师生的情谊,罪该万死,请皇上罚我吧!"

汉明帝怒气稍息,又问廉范说："你是廉颇的后代吗?和右将军廉褒、大司马廉丹有没有亲缘关系?"

廉范回答说："廉褒,是我的曾祖父;廉丹,是我的祖父。"

汉明帝说："难怪你有胆子敢这么做!"并赏赐他。不久,廉范被推荐为秀才,几个月后,升任为云中太守。

汉明帝驾崩时,廉范到敬陵奔丧。当时庐江郡的官员严麟奉命吊丧,

和廉范在路上相遇，严麟乘坐马车，路上泥水太深，马被陷死，严麟不能赶路，廉范马上命令跟随他的人下马，把马让给严麟，但没告诉严麟自己的姓名就走了。

严麟奔丧回来，想把马奉还，但不知道马是谁的，就沿路寻访。有人对严麟说："蜀郡太守廉范，喜欢帮助危难贫穷的人，皇帝驾崩，能够不辞劳苦去奔丧的，估计只有他了。"

严麟平时也听说过廉范的名声，听人这样一说，也确定就是廉范帮助了自己。于是牵着马登门拜访，归还马匹并深表感谢。

廉范一生都在边境做官，广泛开垦田地，囤积粮食财物，改善了当地人民的生活。他临终前留下遗嘱，把绝大部分家产送给了宗族和朋友。

廉范秉义而行，不计私利，确为君子之道。不仅在两汉时期树立了权衡义利的样板，博得了很高的义名，后世的人们提起廉范，也都佩服他的仁义精神。

羊续悬鱼拒贿

羊续是东汉末年人。他在任南阳太守的时候，生活相当清苦，经常穿着破旧衣服，吃的是粗茶淡饭，外出乘的车子也非常简陋。他平生节俭，从不接受别人的馈赠。

有一位副手想得到太守的欢心，送给羊续几条活鱼。羊续当面不便多说什么，就把鱼挂在院子里。

过了几天，这位官员又送鱼来，羊续还是什么也没说，只是用手指指挂在院子里的鱼干，意思是说："你看，我有这个需要吗？"官员明白了他意思，从此再也不敢送礼了。

十一、平天下

东汉末年，宦官专权，社会风气败坏，汉灵帝刘宏跟宦官合伙，公然开设卖官交易所，地址设在西园。

在这里，各种官职公开标价拍卖。例如肥缺地方太守，要三千万钱；三公（太尉、司徒、司空）的标价为二千万，因为"三公"不便在地方上直接搜刮钱财，所以标价还没有太守的高。

羊续为官清正，名满天下，灵帝为了拉拢他，主动提出要他当太尉，只要他交出标定价格的一半就可以了。这在当时的人看来，是求之不得的事情。

皇帝派使者来商讨价格，羊续把使者请到小小的方桌边坐下，什么也不说，只是提起身上穿的旧袍子的衣襟抖了几抖，意思是说："我满打满算只有这个玩意儿，哪里来的一千万！"

使者非常扫兴，回去报告，灵帝就取消了原来的打算。羊续虽没有当上太尉，但他为官清正的美名深受人们赞扬。

长国家而务财用者

长国家而务财用者❶，必自小人矣。彼为善❷之，小人之使为国家，灾害并至❸。虽有善者，亦无如之何❹矣！此谓国不以利为利，以义为利❺也。

注释

❶ 长国家而务财用者：执掌国家军政大权，却一心只想着聚财

大学

敛富，贪图享受的人。长，掌握、领导。

② 善：重视。
③ 灾害并至：灾害，即灾害。并至，一起来到。
④ 无如之何：没有办法。
⑤ 以义为利：指以道义作为利益。义，道义。

解读

治理国家的人专门聚敛财富，一定是听从了小人的教唆。治理国家的人想要治理好国家，却让小人来治国，那么，灾难祸害将会随之降临。虽有贤德的人，也无法挽救了。这就是说，国家不能以财富为利，要以道义为利。

感悟

仁义乃国之体。以仁义立身，以仁义治国，以仁义化民。举国上下能够知仁行义，而利无不在其中。

君子所谋者在公，而不在私。偏听则暗，兼听则明。投其所好者，君上若以他为善，不以为非，远贤能而亲小人，必致大害民生，大失民心，实在是祸及天下，亡国灭家的开端。

民众的利益是至高无上的。人民的利益就是国家的利益，损害人民的利益就是损害国家的利益。所以，圣君治国，不言其利，但有仁义而已。利民实是利己，爱民实是爱己。集利于一身者，终必害于己身。

十一、平天下

> 故事链接

成吉思汗重用贤臣

耶律楚材生于世宦门第，他自幼勤学，博览群书，兼通天文、地理、律历、术数和佛、道、医卜之说，还擅长著述，下笔为文，一挥而就。

成吉思汗平定燕地后，遣人访求原辽国宗室人物，于十三年得耶律楚材。他见耶律楚材相貌奇伟，美髯宏声，又颇有才识，十分仰慕，诱劝说："辽、金为世仇，你是辽国皇族后裔，为金所灭，我要为你雪洗国仇家恨。"

耶律楚材回答得十分得体："臣之祖、父皆曾委身事金，既为其臣，岂敢与君为仇。"

成吉思汗从话中知道他甚重君臣之分，是个恪守信义的人，因此留他在身边供职。成吉思汗喜得王佐之材，每每昵称他为"长髯人"，而不直呼其名。耶律楚材决心报答亲顾之恩，借酬平生壮志。

成吉思汗晚年常对其子窝阔台说："此人是天赐我家，尔后的军国庶政，当悉委他处置。"

在成吉思汗当政时，耶律楚材是形影相随的股肱大臣，曾被视为"天赐我家"，尊崇至极。

在窝阔台汗当政时，耶律楚材有顾命之义，拥立之功，为其屹立于王廷埋下根基。但更重要的是他呕心沥血地为蒙古国运筹策，定制度，使这个新生的庞大的政权得以生存。

耶律楚材披肝沥胆的忠正气质，又不能不使蒙古君主肃然起敬。正是基于此，窝阔台汗把耶律楚材当成自己的忠臣良将，国家的骄傲。早在他即位的第三年，就当面盛赞耶律楚材说："南国之臣，复有如卿者乎？"

窝阔台汗八年，即灭金后的第二年，蒙古诸亲王集会，大汗亲自给楚材捧觞赐酒，由衷地说道："我们这样诚挚地任用你，是因为有先帝之命。没有你，中原就没有今日。我之所以能安枕无忧，是全靠你的力量啊！"

当时，正值西域诸国和南宋、高丽的使者前来，语多虚妄不实。窝阔台汗颇为得意地指着耶律楚材对来使说："你国有这样的人才吗？"

来使皆回答："没有。此人大概是神人。"

窝阔台汗高兴地说："你们唯有此言不妄。我也猜想必无此种人才。"

正由于有这样的知遇之情，更由于耶律楚材的气质和胆略，使他能够在国家政治生活中发挥着极其重要的作用。在灭金战争中，耶律楚材有两个特殊的功绩，即保全生命和收容人才。

蒙古太宗五年正月，金哀宗完颜守绪从汴梁出奔归德，命元帅崔立继续死守被围困的京城。不久，崔立向蒙古投降。按蒙古的军事传统，凡是敌人进行抵抗的，克敌以后就以屠杀相报。

现在，汴京即将落到蒙古军队手中，统率围城蒙古军将军速不台，派人报告窝阔台汗，准备占领后"屠城"。

耶律楚材听到消息，急忙面奏大汗："将士英勇作战了几十年，争的就是土地和人民。如今要是得了土地而失了人民，有什么用呢？"

窝阔台汗听后，脸沉下来，露出犹豫不决的神情。耶律楚材接着说："大凡金朝方面的能工巧匠，以及官民富贵之家，都聚集在这座城里了。把他们都杀了，那我们就一无所得，徒劳地打了这一仗！"

窝阔台汗觉得有理，下诏除金朝皇族外，其余人不杀。当时在汴京避

十一、平天下

兵灾的一百四十七万户得以免遭屠戮的惨祸。

这一年五月，金国灭亡的命运已经不可避免。金朝大文豪元好问给耶律楚材写了一封著名的信，劝他保护归降蒙古的南方士大夫，他特别开列出五十四个士大夫的名单，指出这些儒士"皆天民之秀，有用于世者"。

耶律楚材感到元好问的心思与自己相通，他也早已认识到保护这些人才的重要意义。

耶律楚材向窝阔台进言说："制器者必用良工，守成者必用儒臣。"他极力强调任用儒臣的重要性。

数年后，耶律楚材请窝阔台派人到各地举行考试，选取儒士。这就是有名的戊戌年科举取士，有不少杰出人才入选。

李世民三请张古老

那是大唐初年，唐王李世民和元帅尉迟恭带着二十万大军直奔东北边境。当时正是夏初，眼看离北边燕山还有八十多里，忽然天上乌云密布，下起瓢泼大雨来。队伍人困马乏，只好就地安营。

雨一下就是十来天，粮草眼看就要用光了，后边的粮草车还没影呢！大雨刚停，尉迟恭就派人到附近征调粮草，谁知老百姓见当兵的就躲。

李世民、尉迟恭和几个谋士走出军营来到村里找人询问。这时，过来几个扛犁的庄稼人，李世民问他们哪里有高贤？

庄稼人打量了唐王等人说："几位客人是远道而来吧？在这方圆几十里，无论谁有难事都问张古老。张古老脾气古怪心眼好，你们有什么难事去问他吧！"接着给唐王指了张古老的住处。

唐王一行人直奔张古老住处，不见人影，问遍了村里人，他们都摇头

大 学

说不知道。

尉迟恭说:"张古老不在,我看另想办法吧!"

"明日再来!我就不信诚心打不动张古老!"唐王说。

唐王又来了两次,张古老门上还是挂锁无人。

尉迟恭埋怨道:"我看这张古老根本就没什么能耐,成心躲我们呢!"

李世民长叹说:"看来天不助我啊!难道只有退兵不成?"

十一、平天下

晚上，李世民召集将官商议计策，军士进来禀报："启禀万岁！帐外来了一个老汉，自称是张古老，要见万岁和元帅！"

李世民惊喜万分，激动地说："众位爱卿，快快出迎！"君臣一行来至帐外迎接。

这时，只见一位白发长须老人，见了李世民慌忙跪地参拜说："我是个乡下老朽，却承蒙万岁几次到寒舍造访，心里实在过意不去呀！"

李世民亲手搀起老人家，并连忙给老人让座。老人安坐后，李世民把北征遇雨缺粮的事说了一遍，求张古老想想办法。

张古老说："这里有一种鸡鸣谷，只要水分适量，专能在这沙滩中生长，据说是神农氏见这一带多沙地而留下的。这谷子，晚上播下，明日鸡鸣天亮就能发芽，正午就可结穗，所以叫鸡鸣谷。因秧苗矮小，收成少，所以种的人不多。"张古老说着，就领李世民出了军营，看见人们正在播撒鸡鸣谷。

后来，将士和百姓一齐动手，一夜之间全部播种完毕。到了鸡鸣天亮，沙滩上果然一片葱绿。到了正午，千顷谷地，一片金黄。众人高兴地说："真是神谷啊！"

谷子收割了，将士们吃了饱饭，士气大振。李世民和尉迟恭下令继续进兵，一鼓作气，不久就把敌兵打败了。

这个故事虽然有点神话色彩，但李世民诚心求贤的举动却给人以启示，那就是治理国家要任用贤才，任用贤人，"以义为利"，而且要像刘备三请诸葛亮那样，不达目的誓不罢休。

名言妙语

1. 人静而后安，安而能后定，定而能后慧，慧而能后悟，悟而能后得。
2. 知止而后有定，定而后能静，静而后能安，安而后能虑，虑而后能得。
3. 欲正其心者，先诚其意，意诚而后心正。
4. 苟日新，日日新，又日新。
5. 诚于中，形于外，故君子必慎其独也。
6. 君子有诸己，而后求诸人，无诸己，而后非诸人。
7. 其本乱而末治者，否矣；其所厚者薄，而其所薄者厚，未之有也。此谓知本，此谓知之至也。
8. 所谓致知在格物者，言欲致吾之知，在其物而穷其理也。
9. 苟不至德，至道不凝焉。
10. 君子先慎乎德。有德有此人，有人有此土，有土有此财，有财有此用。德者，本也；财者，末也。
11. 身修而后家齐，家齐而后国治，国治而后天下平。
12. 大学之道，在明明德，在新民，在止于至善。
13. 言悖而出者，亦悖而入；货悖而入者，亦悖而出。
14. 仁者以财发身，不仁者以身发财。
15. 一家仁，一国兴仁；一家让，一国兴让；一人贪戾，一国作乱。
16. 心诚求之，虽不中，不远矣。
17. 生财有大道，生之者众，食之者寡，为之者疾，用之者舒，则财恒足矣。
18. 周虽旧邦，其命维新。
19. 是故君子有大道，必忠信以得之，骄泰以失之。

20. 未有上好仁而下不好义者也，未有好义其事不终者也，未有府库财非其财者也。
21. 唯仁人放流之，迸诸四夷，不与中国同。
22. 伐冰之家，不畜牛羊；百乘之家，不畜聚敛之臣。
23. 自天子以至于庶人，壹是皆以修身为本。
24. 诗云："乐只君子，民之父母。"
25. 诗云："殷之未丧师，克配上帝，仪监于殷，峻命不易。"
26. 道得众则得国，失众则失国。
27. 人之有技，若己有之；人之彦圣，其心好之，不啻若自其口出。
28. 尧舜率天下以仁，而民从之；桀纣率天下以暴，而民从之。其所令，反其所好，而民不从。
29. 与其有聚敛之臣，宁有盗臣。
30. 《太甲》曰："顾是天之明命。"
31. 子曰："听讼，吾犹人也。必也使无讼乎！"
32. 《诗》云："桃之夭夭，其叶蓁蓁。之子于归，宜其家人。"
33. 《康诰》曰："惟命不于常。"
34. 舅犯曰："亡人无以为宝，仁亲以为宝。"
35. 见贤而不能举，举而不能先，命也。见不善而不能退，退而不能远，过也。

读后感

我国悠久的历史，积淀了中华民族博大精深的特色文化。上下五千年，无数圣人贤士对自然、人生、社会的思索、探求与总结，一路传承，薪火相传，给我们留下了一笔巨大的精神财富。近日，我静心品读了一本讲述成人、入世之道的传统国学经典《大学》，简直受益良多。

《大学》是一本教材，一本"初学入德之门也"的教材。对于"初学"者，也就是刚刚开始学习的人来说，它的入门地位是最高的，甚至超过《论语》和《孟子》。那么，这本道德启蒙教材到底教给了我们什么呢？

《大学》的开篇提出了明明德、亲民、止于至善的"三纲目"，然后从格物、致知、诚意、正心、修身、齐家、治国、平天下八个方面阐述了实现"三纲目"的途径。通篇文辞简约，条理清晰，内涵深刻，对我们如何修身养性、为人处世、立功立业等问题都具有深刻而实用的指导意义。

在《大学》中阐述的八个方面，我对于"诚意"感受颇深。无论何时，无论何地，我都告诉自己不用害怕，以诚意待人就好，做最真实的自己。在生活中，怀着诚意之心，我交到一群好朋友。

诚意是美酒，年份越久越醇香浓厚；诚意是焰火，在高处绽放才愈是美丽；诚意是鲜花，送人后手有余香。一颗孤独的心需要爱的滋润，一颗冰冷的心需要友谊的温暖，一颗绝望的心需要力量的抚慰，一颗充满戒备的心需要诚意这把钥匙来打开。诚意让我拥有了很多。读完《大学》后，我更坚信"诚意"会让我在人生道路上更加成功。

在《大学》中有这样一句话，"知止而后有定，定而后有静，静而后能安，安而后能虑，虑而后能得"，成就一番事业，做一个对社会有用的人，这是每一个人的梦想和追求。

在充满竞争和挑战的环境中，成功的关键是要找准自己的位置，扮演好自己的角色，持之以恒地付出应有的努力。在充分认清自我和权衡得失进退之后，一旦目标确定，就不能半途而废。越是在困难的时候，越要持之以恒地做下去，努力给事情一个完美的结局。倘若我们具备了这样一种为人处世的品格和精神，试问成功离我们还会远吗？

虽然事业对于一个人来说是必不可少的，但不是生活的全部，更不是人生的全部。除了事业，人生的另一头就是婚姻家庭。随着现代生活节奏的加快和生存压力的剧增，事业和婚姻、家庭之间出现了越来越多不和谐的音符。多少人为了事业和家庭之间不可调和的矛盾而顾此失彼，这就需要我们静静地思考家庭和事业之间的关系。中国有句俗话：家和万事兴。简朴之言道出了这样一个道理：只有家庭和睦，才可能专心做事，才有可能成就一番事业。由此可见，家庭和睦对于事业是何等的重要。这也是《大学》"欲治其国者，先齐其家"所表达的哲理。

齐家后想到"格物致知"。所谓格物致知，字典里的解释是这样的：推究事物的原理法则而总结为理性知识。放到《大学》中，我理解为，通过实践活动来获得真理，得到真理后利用真理来诚恳对待。意诚而后心正，正心而后身修。的确如此，只有心意真诚才能够使心态端正，心态端正才能够修身养性，修身养性才能到达至善的境界。

读完《大学》后，我在人生道路上有了更加明确的目标。我们也许不能做到至善至美，但能够以此作为标准，规范自己的行为，努力使自己做到身修，也许我们此刻还不能治国平天下，但《大学》在完善自己的意义上，也具有很重要的作用。

人们常说"一屋不扫，何以扫天下"，又常说"修身，齐家，治国，平天下"。两者一样，都被人用来表达自己所理解的君子之道。这种君子之道，就是从小事做起，从现在做起，从身边做起。

《大学》总在不断引用先人智慧说当下的实际，没有半点拖泥带水，也毫无修饰，更是中肯直接，真是中华民族智慧之精要，深读其乐无穷，值得我们每一个人学习和践行。